あいだで考える

言葉なんていらない？

私と世界のあいだ

古《ふる》田《た》徹《てつ》也《や》

創元社

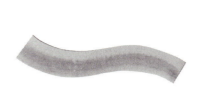

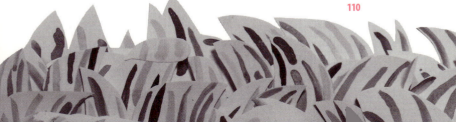

キーワードマップ

KEYword map

この本の旅に登場する
主なキーワードです。ページは
主要な出現箇所《かしょ》のみ示しています。

序章

言葉には、不正確さや不完全さ、
曖昧《あいまい》さや不確かさ、つまらなさや退屈《たいくつ》さ
といったものを帯びるおそれがつきまとう。
しかし、それでも、
言葉は私たちの生活に欠かせないものだ。

言葉はメディアか、はたまたバリアか

†「ウイスキー」はウイスキーではないし、「ケーキ」はケーキではない

言葉には匂《にお》いがない。味もしない。「このウイスキーは、微《かす》かにバニラとキャラメルの香《かお》りをまとい、まろやかな口当たりだ」という言葉を聞いても、そのウイスキー自体を味わったことにはならない。言葉はウイスキーそのものではないのだから。

このことをめぐって、作家の村上春樹《はるき》（１９４９〜）は次のように綴《つづ》っている。

もし僕《ぼく》らのことばがウィスキーであったなら、もちろん、これほど苦労することもなかったはずだ。僕は黙《だま》ってグラスを差し出し、あなたはそれを受け取って静かに喉《のど》に送り込《こ》む、それだけですんだはずだ。とてもシンプルで、とても親密で、とても正確だ。しかし残念ながら、僕らはことばがことばであり、ことばでしかない世界に住んでいる。僕らはすべてのものごとを、何かべつの素面《しらふ》のものに置き換《か》えて語り、その限定性の中で生きていくしかない。

（村上春樹『もし僕らのことばがウィスキーであったなら』新潮《しんちょう》文庫、１９９９年、12〜13頁《ページ》）

ウイスキーになじみがなければ、たとえばケーキのことを考えてみてほしい。家の近所に新しいケーキ屋ができた。そこのモンブランを買ってみたら、とても美味《おい》

しい。次の日、さっそく学校で友達に報告する。マロンクリームがすごく濃厚《のうこう》だけどしつこくなくて、まるで栗《くり》を食べているみたい。スポンジもメレンゲもふわっと軽くて、甘《あま》さひかえめ。何個でも食べられそうな感じ。——その報告を聞いた友達は、美味しそう、食べたい、と言ってくれる。だが、もどかしい。どんなに言葉を尽《つ》くしても、そのケーキの味や口当たりや香りそのものは伝えられない。できることなら、言葉ではなく、ケーキそのものを学校に持ち込みたい。友達と二人で同じケーキを分け合い、一緒《いっしょ》に食べたい。それだったら相手に百パーセント伝わる。なんてシンプルで、親密で、正確なやりとりだろう。そして、そんなやりとりができるなら、言葉なんていらないのではないだろうか。

†言葉は本物の影《かげ》？　不完全な模造《もぞう》品？

「リンゴ」という言葉は、あの甘酸《あまず》っぱくて赤い果物のことを指す。「痛み」という言葉は、身体に感じるあの感覚のことを指す。しかし、もちろん「リンゴ」は本物のリンゴそのものではないし、「痛み」は本物の痛みそのものではない。だから、言葉とはそれが指し示す対象の影ないしは模造品のようなものだ。しかも、不完全な模造《もぞう》品だ。——古来、多くの人がそういう思いを抱《いだ》いてきた。

「リンゴ」という言葉は、リンゴ独特のあの風味も、その微妙《びみょう》な色合いも、そして、個々のリンゴの繊細《せんさい》な差異も、すべて曖昧《あいまい》にし、乱暴にまとめてしまう。同様に、「痛み」という言葉は、個々の痛みの内実も違《ちが》いもすべて平板《へいばん》に塗《ぬ》りつぶしてしまう。世界に存在する個々の物事を「リンゴ」や「痛み」といった言葉に置き換えて抽象《ちゅうしょう》化してしまうと、そこでは多くの重要な具体性が捨て去られ、見失われることになる。**世界を余すところなく表現するには、言葉はあまりに解像度が低く、粗雑すぎる。**——そのように思えるのだ。

あるとき、私はお腹《なか》に強い痛みを感じて、「痛い！」と口に出す。側《そば》にいた友達が、心配そうに「大丈夫《だいじょうぶ》？」と声をかけてくれる。しかし、当たり前だが、「痛い！」という言葉は痛みそのものではない。私がどんな痛みをどれほど感じているのか、あるいは、そもそも痛みを感じているのかどうか、友達は正確には分からないだろう。また、逆に、友達が「痛い！」と言っても、私には、それが本当のところどのような痛みなのか分からない。友達が「うれしい」と言っても、どんなふうにうれしいのか、どれほどうれしいのか、あるいは、そもそも本当にうれしいのかどうか、私には分からない。

こうしたもどかしい思いは、本物の影《かげ》ないし模造品として言葉を捉《とら》える見方を強める。つまり**言葉は、世界のなかにその一部として存在するわけではない——私と世界のあいだに、世界の影（模造品）として存在する奇妙な何かにすぎない**——というわけだ。繊細で鮮烈《せんれつ》な本物と、それを表す言葉とを比較《ひかく》すればするほど、言葉がそれ自体としては抽象的で、間接的で、空疎《くうそ》な影のように思えてくるのである。

もしも、言葉がそのような、本物を不正確にしか表現できない影ないし模造品であるのならば、それを用いたコミュニケーションはどうしても粗雑で不完全なものになってしまわないだろうか。

†言葉はしばしば誤解や無理解に曝《さら》され、悪影響《あくえいきょう》を及《およ》ぼす

本当に模造品に過ぎないのかどうかはともかくとして、言葉が誤解されやすいのは確かだ。たとえば、誰《だれ》かと一緒にケーキを食べているときに、とても美味しいことに驚《おどろ》いて、「このケーキやばい！」と叫《さけ》んだとしよう。しかし、それを聞いた相手は、このケーキはとんでもなく不味《まず》いとか、傷《いた》んでいるなどと誤解するかもしれない。

また、「このケーキ、あんまり甘くないね」という言葉も、良い意味で言ったはずが、相手には、甘みが足りないと批判しているように聞こえるかもしれない。こう

した理解の食い違いは、短い文字や記号でやりとりをするＬＩＮＥなどのＳＮＳでも――あるいは、この種のコミュニケーションにおいては特に――よく生じていると言える。

また、現在のＳＮＳ空間は、個人の言葉が瞬時《しゅんじ》に拡散するために、言葉を発した当人が想定していなかった大きな影響《えいきょう》を社会に与《あた》えてしまうケースが跡《あと》を絶たない。たとえばある人が、あるお店の店員の態度に気分を害し、そのお店に対する抗議《こうぎ》をＳＮＳに投稿《とうこう》したとしよう。すると、その言葉がたくさん「リポスト（リツイート）」「シェア」「いいね」などをされて拡散し、そのお店に思いがけず非難が殺到《さっとう》したり、逆に、そのお店を支持する人々からの反論や非難が投稿者のほうに押《お》し寄せたりすることがある。たとえ抗議の内容が事実に基《もと》づいているとしても、また、非難自体は理不尽《りふじん》なものでないとしても、勢いが度を超《こ》してひろがり、**言葉を発した当人がその拡大を制御《せいぎょ》できない**という事態がしばしば生じているのである。

†言葉を長く連ねればよいというわけではない

だとすれば、こうしたコミュニケーション上の事故や制御不能な状態が発生しないように、言葉を用いるときには常に事細《ことこま》かに説明を尽くすべきだろうか。しかし、たとえば、「このケーキは今年食べたもののなかで最もよくできている」と言ったとしても、「このケーキやばい！」という叫びほどには驚きや感動は伝わらない。また、「このケーキ、あんまり甘くないね。で、この「甘くない」というのは今はネガティブな意味で言っているわけではなくて、むしろポジティブな意味で言っているんだよ」などと長い補足をいちいち加えていては、聞いている相手を退屈《たいくつ》させたりうんざりさせたりすることになる。要は、そのような説明は面倒でつまらないのだ。

一般《いっぱん》的に言って、くどくどと長く言葉を連ねることが、自分の思いや事実などを正確に伝えられることにつながるとは限らない。ケーキの味や香りや口当たりを完全なかたちで言い表すことは、どれほど凝《こ》った言葉を積み重ねたとしても不可能だし、海と空が融《と》け合う色合いの美しさは、どれほど言葉を付け加えたとしても再現できるものではない。説明しすぎることは、聞き手を飽《あ》きさせ、言葉を野暮《やぼ》で余計なものにしてしまう。

また、丁寧《ていねい》すぎる長い言葉は、親密な関係やくだけた場にふさわしくない仰々《ぎょうぎょう》しいものになりがちだし、時間がかかるため効率が悪く、そして面倒《めんどう》だ。それから、個々の言葉に対する捉え方の違いや、語彙《ごい》力の違いなどによって、言葉を積み重ねれば積み重ねるほど互《たが》いの言っていることが分からなくなってしまう、ということもある。つまり、**簡潔な言葉では不足なら、詳細《しょうさい》な言葉に置き換えればよい、というわけではない**のだ。

✝それでも、言葉は欠かせないもの

このように、言葉には、不正確さや不完全さ、曖昧さや不確かさ、つまらなさや退屈さといったものを帯びるおそれがつきまとう。しかし、それでも、言葉は私たちの生活に欠かせないものだ。

たとえばお腹が痛いとき、あるいは、誰かに何かをしてもらってうれしいとき、「痛い」や「うれしい」といった言葉を発することなしに、そのことを他人に分かってもらうのは簡単ではない。また、家の近所に新しいケーキ屋ができたという事実を、「家の近所に新しいケーキ屋ができたよ」といった言葉を用いずに他人に知らせることは困難だ。

しかも言葉は、いったん覚えてしまえば、どんな所にも、いわば手ぶらで簡単に持ち運べる。ケーキそのものをずっと持っているわけにはいかないが、「ケーキ」という言葉であれば、学校でも富士山《ふじさん》の頂上でも、いつでも取り出して相手に差し出すことができる。

さらに、言葉は現実を超《こ》えた物事を表現することもできる。本当は痛くないのに「お腹が痛い」と言って学校をサボることもできるし、「家の近所に隕石《いんせき》が落ちたよ」と嘘《うそ》を言って友達をからかうこともできる。もっとも、それらの言葉を自分が制御できるなら——つまり、自分の思う通りの効果を発揮して、相手を都合よく操《あやつ》ることができるなら——の話だが。

†慣れ親しんだ言葉に、あらためて目を向けてみよう

私たちは生活のあらゆる場面で言葉を用いており、言葉なしには生きることはほとんど不可能とも言える。しかし、まさにその言葉によって、しばしば生活にトラブルがもたらされる。言葉によるコミュニケーションは、どうにも不正確で不完全なものであるように思える。すなわち、言葉を通して他者と理解し合おうとすると、そこには誤解や無理解の余地、あるいは、想定しなかった影響を生み出す余地が、どうしても生まれてしまうように思われるのだ。

はたして言葉とは、私と私以外の人々とをつないでくれる「媒介物《メディア》」なのだろうか。それとも、両者を隔《へだ》てる「障壁《バリア》」なのだろうか。 私たちの可能性を広げてくれ

る希望なのだろうか、それとも、私たちを縛《しば》ったり振《ふ》り回したりする制御不能な厄《やっ》介者《かいもの》なのだろうか。そのどちらでもあるのだろうか。あるいは、どちらでもないのだろうか。

本書ではこれから、言葉というもののさまざまな側面を見ていく。その過程で、言葉を用いることにはどのような特徴《とくちょう》や落とし穴があるか、言葉とどう向き合うべきかについて、いくつかの重要なポイントが照らし出されることになる。

言葉はふだん、私たちの生活のなかに当たり前のようにあり、あらためて「言葉とは何か?」というふうに注意を向けることは少ない。慣れ親しんだ言葉を見直す作業からは、言葉に対する新しい見方が得られるだろう。そして、それはひいては、言葉とともにある私たちの日々の生活について、私たち自身について、新しい側面を知る機会となるだろうし、何より、言葉が私たちの力となる可能性に目を向ける機会となるだろう。

1章

言葉のやりとりはなぜ不確かなのか

たとえば友人が運転する車に
同乗しているとき、皮肉のつもりで
「運転が上手だね」と言ったとしよう。
相手はその意を汲《く》み、
「ふん、うるさいよ」と
苦笑いするかもしれないが、
本当に褒《ほ》められていると勘違《かんちが》いして、
誇《ほこ》らしげな顔をすることもありうる。

言葉は不正確で、本物の影《かげ》か模造品《もぞう》でしかないように思える。
発した言葉は制御《せいぎょ》できないし、
丁寧《ていねい》に話せば伝わるわけでもない。
それでもやっぱり、私たちに言葉は欠かせない。
言葉はメディアなのか？　それともバリアなのか？

1章では、そもそも
「言葉を出力すること＝発話」とはどのような行為《こうい》なのか、
また、発話のどのような側面が
コミュニケーション不全をもたらすのか、検討してみよう。

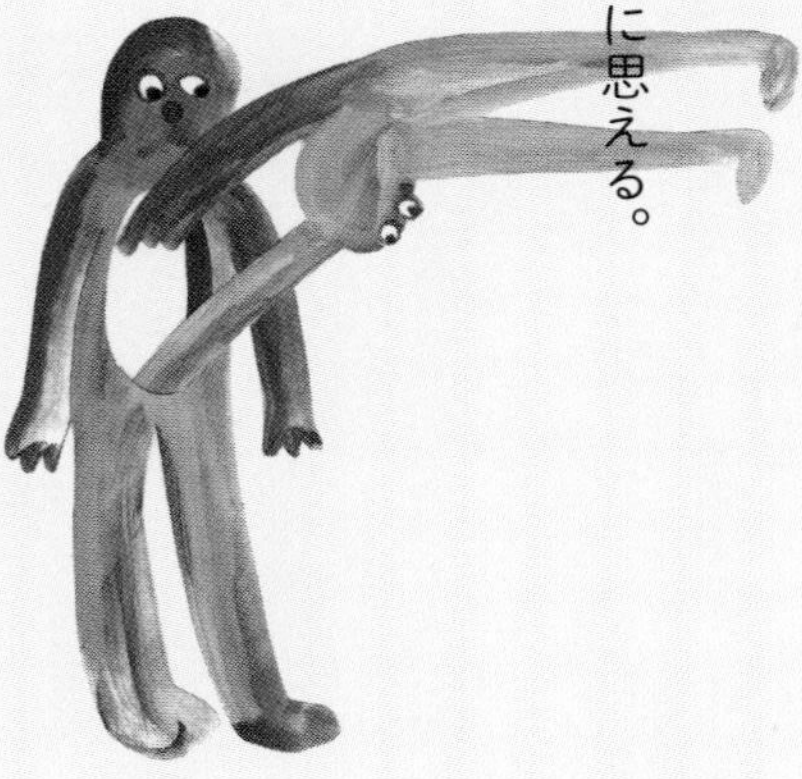

1 私たちは日々「発話」している

† 「発話」は最も身近で重要な行為《こうい》のひとつ

私たちはふだん、立ったり、歩いたり、座《すわ》ったり、食べたり、歯をみがいたり、お風呂《ふろ》に入ったりして生活している。つまり、私たちはいつも何かをしている動物——行為《こうい》する動物——である。

他方、たとえば月が地球のまわりを回ることは「行為」とは呼ばれず、「運動」と呼ばれる。川の水が山から海へと流れることも、落ち葉が風に舞《ま》うことも、台風が進路を変えることも、何らかの意志や意図をもってなされる「行為」ではない。また、私たち人間であっても、あくびやしゃっくりなどはふつう、勝手に「出るもの」（起こるもの、生じるもの）であり、「行為」とは呼ばれない。

私たちはいつも行為をしているが、なかでも、声に出したり書いたり手話をするなどして言葉を出力すること——これを本書では、まとめて**発話**と呼ぶ——は、最も身近で重要な種類の行為だ。挨拶《あいさつ》、依頼《いらい》、命令、感謝、謝罪、報告などなど、日々の暮らしの多くは、発話すること（＝言葉を出力すること）と共に、また、他者の発話を聞いたり読んだりすることと共にある。

しかし、序章で問題にしたように、言葉は、私たちのあいだをつなぐ媒介物《メディア》であるようにも思われるし、私たちのあいだを切りはなす障壁《バリア》であるようにも思われる。このことをどのように捉《とら》えたらよいのだろうか。

それ以前に、発話とはそもそもどのような行為なのだろうか。

†発話とは、意味のある音や記号を出力すること

ひとくちに「発話」といっても、そこには主に二つの側面を見出《みいだ》すことができる。

まず、当たり前のことだが、発話という行為はすべて、言葉を――つまり、意味のある音や記号を――出力することそれ自体だと言える。私たちは、「アペペポポプー」とか「ビャビャビャー」とか、まったく意味のない音を発することもできるし、ぐちゃぐちゃの適当な線を書き殴《なぐ》ることもあるが、「こんにちは」とか「痛い」とか、あるいは「外は雨が降っている」といった、意味のある音や記号を発することもある。発話とは、後者の種類の行為――つまり、**意味のある音や記号を出力すること**――だと、さしあたり特徴《とくちょう》づけることができる。

そして、この特徴づけからすれば、他者に向かって語りかけることだけではなく、他に誰《だれ》もいない部屋のなかで「外は雨が降っている」などと独言《ひとりごと》を発したりメモを書いたりすることも、それから、声に出さずにいわば頭のなかで語ることも、発話に含《ふく》まれることになる。

†発話とは、意味のある音や記号を出力することを通して何かをおこなうこと

発話とは、意味のある音や記号を出力することである。とはいえ、ただ何の目的もなく発話する、ということはあまりないだろう。むしろ、私たちが日々おこなう発話はたいていの場合、そうやって意味のある音や記号を出力することにおいて――発話を通して――何かをおこなうものだ。

たとえば、私たちが「こんにちは」という言葉を発するのは、ふつう、聞き手への挨拶という行為をおこなうためだろうし、聞き手のいない状況《じょうきょう》でこの言葉を発する場合も、演技の練習や発声練習といった行為をおこなうためだろう。同様に、「外は雨が降っている」という言葉を声に出したり書いたりする際も、聞き手や読み手に天気を報告するとか記録するといった行為を営んでいるはずだ。つまり、**発話にはふつう、発話することそれ自体とは区別される目的が存在する**のである。

発話という行為は、社会的慣習にかなり支配されている

しかも、その目的というのは、話し手がいつも自分で好き勝手に設定できるようなものではない。たとえば他者に向けて「こんにちは」と言うとき、当たり前だが、その言葉はふつう挨拶として受け取られる。もっとも、たとえばあるスパイ組織では、「こんにちは」と言うことによって任務を完了《かんりょう》したことを仲間に伝える、という場合があるかもしれない。しかし、そのように「こんにちは」をある種の暗号として用いる例外的なケース以外では、この発話が挨拶以外の行為として機能することはまずない。

また、どのような発話が適切かということも、話し手自身が好き勝手に決められることではない。たとえば、「こんにちは」と発話することによって挨拶すべき相手は、ふつうは家族や友だちではなく、他人であるということになっている。つまり、この言葉を親しい家族や友だちなどに対して発すると、妙《みょう》に他人行儀《たにんぎょうぎ》で不自然な発話として受け取られてしまうのだ。

以上のことを言い換《か》えるならば、**言葉が何を意味し、誰に対するどのような行為に用いられるかは、社会的な慣習によって決まっている部分が大きい**ということである。日本語であれ英語等々であれ、自然言語（＝社会のなかで自然に生まれ、人々が日

常の生活で長く使用してきた言語）をかたちづくる個々の言葉の大半は、特定の場面で長く流通し、特定の意味を帯び、特定の使われ方をしてきた。そうした慣習的ないし常識的な要素は、一個人がいきなり変えることのできるものではない。

作家のルイス・キャロル（1832～98）が書いた『鏡の国のアリス』には、この点を象徴《しょうちょう》的に描《えが》いているとも言える場面が登場する。ハンプティ・ダンプティという名の登場人物と主人公のアリスのやりとりである。

「どうじゃ、まばゆいじゃろう！」

「どういう意味で『まばゆい』っておっしゃったのか、わからないんですけど」

と、アリスは言いました。

ハンプティ・ダンプティは、ばかにしたように、にやりと笑ってみせました。

「そりゃ、わからんに決まっとる――わしが言わんかぎりはな。その意味はじゃ、『反論の余地なくものの見事にやられてしまった』ということじゃよ！」

「でも、『まばゆい』には、『反論の余地なくものの見事にやられてしまった』なんて意味はありません」と、アリスは反対しました。

「わしが言葉を使うときには」と、ハンプティ・ダンプティは、鼻であしらうように言いました。「その言葉は、わしが決めただけのことを意味するんじゃ――それ以上でも、以下でもなくな。」

（ルイス・キャロル『鏡の国のアリス』、脇明子《わきあきこ》［訳］、岩波少年文庫、2000年、150～151頁《ページ》）

「まばゆい」という言葉が何を意味するかは、この言葉を発する自分が意のままに決められるのだ、そうハンプティ・ダンプティは強弁《きょうべん》しているが、もちろんそんなことはない。この言葉が社会でどんな意味をもってきたかという事実を無視して、「反論の余地なくものの見事にやられてしまった」等々の好き勝手な意味をもたせることなどできないのだ。まして、「まばゆい」と発話することを通して、反論の余地なくものの見事にやられてしまったと評価したり批判したりしようとしても――つまり、「評価」や「批判」という行為を実行しようとしても――、聞いているほうはぽかんとするばかりだろう。実際、このやりとりにおいてアリスは完全に混乱してしまっている。これではコミュニケーション自体が成り立たないのである。

† 発話が「文字通りの意味」ではないケース① ――含意《がんい》

いま確認したのは、私たちが日常の生活のなかで言葉を発したり書いたりしているときにはたいていの場合、ただ何の目的もなく言葉を出力しているわけではなく、それを通して挨拶や報告、プロポーズ、告白、提案、約束、助言、警告、批判、評価などなど、さまざまな行為をおこなっているということだ。加えて、個々の言葉が何を意味し、誰に対するどのような行為に用いられるかは、社会的な慣習によって決まっている部分が大きい、という点も確認した。

ただし、発話という行為が社会的な慣習によって完全に支配されているというわけではない。典型的なのは、たとえば次のようなケースだ。家のなかで家族と一緒《いっしょ》にいて、これから外に出かける予定だとする。このとき、たんに現在の天気について報告するだけのつもりで、「外は雨が降っている」と言ったのだが、相手には、出かけるのはやめようという提案として受け取られ、嫌《いや》な顔をされるかもしれない。あるいは逆に、まさにそう提案するつもりで「外は雨が降っている」と言ったにもかかわらず、相手には天気の報告としてしか伝わらず、「じゃあ自転車で行くのはやめて、電車を使おう」という言葉が返ってくるかもしれない。

私たちは、たとえば「外は雨が降っている」という言葉を発するとき、この言葉が意味する内容――つまり、外は雨が降っているということ――を報告するという

行為をおこなうだけではなく、その報告に何らかの**含意《がんい》**をもたせることができる。いまの例でいえば、外に出かけることをやめる提案という含意だ。あるいは、出かけることをやめるのではなく、ちょっと様子をみようとか、出かける時間を変えようといった提案の意味をもつこともあるだろう。

同様に、私たちはたとえば一緒に出かけているとき、「疲《つか》れた」と言うことによって、自分がいま疲れていることを報告するだけでなく、ちょっと休もうという提案などを意味することも可能だ。つまり、「疲れた」という発話に「ちょっと休もう」といった含意をもたせることができるのだ。

しかし、こうした含意は相手に気づかれない場合もあるし、自分の意図とは異なる意味で受け取られる場合もある。それから、そもそも何の含意もなく、単純に「外は雨が降っている」とか「疲れた」などと言ったのだとしても、相手が勝手に何らかの含意をそこに読み込《こ》んでしまうこともある。

いずれにしても、**発話された言葉は、文字通りの意味を前提にしつつも、それに留《とど》まらない含意をもちうる。そして、そこで具体的にどんな含意をもちうるかは、社会的な慣習以外の要素も大きく影響《えいきょう》している。**つまり、その場の状況や、そのときの相手の気分、相手の性格、相手との関係性といった、いわば即興的な要素である。

†発話が「文字通りの意味」ではないケース②――冗談《じょうだん》、皮肉

同じことは、**冗談《じょうだん》**や**皮肉**といった行為に関しても言える。たとえば、誰かに向けて「結婚《けっこん》しよう」と言うとき、その言葉は基本的にはプロポーズとしての意味をもち、他の種類の意味をもつことはない。ただ、冗談に使われることはある。たとえば仲の良い異性の友人に親切にしてもらって感動し、冗談のつもりで「結婚しよう!」と言ったとしよう。このとき友人は、「おおげさな」と笑ってくれるかもしれないが、それを本気のプロポーズだと受け取ってしまい、こわばった顔で「いまのは聞かなかったことにするよ……」などと返答するかもしれない。

あるいは、たとえば友人が運転する車に同乗しているとき、皮肉のつもりで「運転が上手だね」と言ったとしよう。相手はその意を汲《く》み、「ふん、うるさいよ」と苦笑いするかもしれないが、本当に褒《ほ》められていると勘違《かんちが》いして、誇《ほこ》らしげな顔をすることもありうる。

ともあれ、こうした食い違いが生じうるのも、**冗談や皮肉が言葉の文字通りの意味から逸脱《いつだつ》したところで成立する**からだと言える。いまの例でいえば、「結婚しよう」は基本的にはプロポーズを意味し、「運転が上手だね」は基本的には運転技術を褒めることを意味する、という社会的な慣習がまずあって、その慣習的な意味や用

法から逸脱した仕方でこれらの言葉が用いられることにおいて、冗談や皮肉という行為が成立する。そうであるがゆえに、そのときの状況や相手の性格などによっては、これらの言葉が額面《がくめん》通りに受け取られてしまう可能性もあれば、冗談や皮肉としてちゃんと伝わる可能性もあるのだ。

（ただ、もちろん、慣習的な要素の色濃《いろこ》い「お約束」の冗談や皮肉といったものも数多く存在する。重要なのは、冗談や皮肉を言うことにも、それが可能な**文脈（コンテクスト）**というものがあるということだ。たとえば、恋人《こいびと》でも知人でもない相手につきまとい行為を続け、恐怖《きょうふ》を与《あた》えているストーカーが、相手に対して「結婚しよう」と言っても、それは冗談になりえない。）

まとめ

◉発話とは

①意味のある音や記号を出力すること

②意味のある音や記号を出力することを通して何かをおこなうこと

◉言葉の意味や用い方は、社会的慣習に大きく影響される

◉ただ、社会的慣習や文字通りの意味から逸脱したケースもある

①含意　②冗談や皮肉

2 なぜうまく伝わらないのか

物事を言い表すことは、言葉の機能の一部にすぎない

前節でおこなった「発話」という行為《こうい》の分析《ぶんせき》は、〈言葉は私とあなたをつなぐ媒介物《メディア》なのか、それとも、制御《せいぎょ》困難な障壁《バリア》なのか〉という本書の問題にどのような光を投げかけるのだろうか。

まずもって言えるのは、発話するというのは実に多種多様な行為だということである。序章で触《ふ》れたように、古来人々は言葉を、現実の物事の影《かげ》ないし模造《もぞう》品のようなもの――つまり、現実の物事には含まれない奇妙な何か――として捉《とら》えがちだった。しかし実際には、「このケーキはとても美味《おい》しい」とか「外は雨が降っている」などというふうに、現実の状況《じょうきょう》や対象を報告したり記録したりといった行為は、発話によってなされる多種多様な行為の一部を成しているにすぎない。そして、挨拶《あいさつ》、提案、依頼《いらい》、命令、感謝、謝罪などなど、他の種類の行為に用いられる言葉には、そもそも対応する物事が見当たらない言葉も数多く存在する。

たとえば、「こんにちは」や「さようなら」といった挨拶の言葉を考えてみよう。この言葉がいったいどんな物事を指し示しているというのだろうか。同様に、「ありがとう」や「すみません」等々の言葉に対応する物事など、世界のなかに何も見出《みいだ》せないだろう。

要するに、現実の物事を言い表すという特徴《とくちょう》づけになじむのは、せいぜいのところ、名詞や形容詞などに属する一部の言葉や、報告や記録などに用いられる一部の文に限られるということだ。**言葉には、何らかの物事を言い表すということとは別の重要な機能が数多く存在する。**それゆえ、〈言葉は本物を不正確にしか表現できない影ないし模造品に過ぎないから、コミュニケーションの障壁《バリア》にしかならない〉というのは、筋の通っていない乱暴な主張だと言える。

（なお、「リンゴ」などの名詞や「痛い」などの形容詞、あるいは「外は雨が降っている」などの文を、本物の影ないし模造品として捉えることがそもそも本当に適切かどうかについては、後の4章2節であらためて主題的に検討する。）

†言葉の非慣習的な側面がもたらすコミュニケーション不全

とはいえ、言葉が私とあなたのあいだに立ちふさがる障壁《バリア》のようにも思えるのは、言葉が本物の模造品――しかも、不完全な模造品――に過ぎないように思える、という点だけによるのではない。

ただ単に「外は雨が降っている」と報告しただけのつもりなのに、外出の中止を訴《うった》えたと誤解されてしまった。冗談《じょうだん》のつもりで「結婚《けっこん》しよう！」と言ったのに、本気だと受け取られてしまった。皮肉のつもりで「運転が上手《うま》いね」と言ったのに、本当に褒《ほ》めていると勘違《かんちが》いされた。――こうしたとき、言葉は互《たが》いの理解を仲立ちしてくれるというよりも、理解に役立たないもの、あるいはむしろ、理解を阻《はば》むものとして立ち現れてくる。問題は、**発せられた言葉だけを見ても、含意《がんい》や冗談や皮肉といったものの有無《うむ》も、その中身も、よく分からない**ということだ。

そして、その曖昧《あいまい》さないし不確かさから、しばしば誤解や無理解が生じることになる。言葉はいつも同じように機能するわけではないし、それを発する当人の思う通りの効果を発揮してくれるとは限らない。たとえば、「外は雨が降っている」という発話がそのとき相手にどう受け取られるかは、そのときの言い方や表情、

また、そのときの雨脚《あまあし》の強さ、そのときどこに出かける予定なのか、相手が雨が苦手かどうか等々、具体的かつ多様な要因に左右されるものにほかならない。

†慣習同士の衝突《しょうとつ》によるコミュニケーション不全

さらに、そうした社会的な慣習に支配されていない側面だけでなく、社会的な慣習に支配されている側面に関しても、発話という行為はコミュニケーション不全の可能性に脅《おびや》かされている。このことを二つの点から確認しよう。

まず一つ目は、**慣習自体が場所や時代などによって多様でありうる**ということだ。たとえば、「祝」という漢字は日本語圏《けん》でも中国語圏でも日常生活でよく用いられているが、意味が異なる場合が多い。現在の日本語圏ではこれはおおよそ「祝《いわ》う」ことを意味するが、中国語圏ではしばしば、「祈《いの》る」ことや「願う」ことも意味する。それゆえ「祝福」という漢字も、日本語圏では「幸福を祝う」ことを意味するのに対して、中国語圏では多くの場合、「幸福(平安)を祈る」ことを意味する。この違《ちが》いがあるため、たとえば日本で大地震《じしん》などの災害があった場合に、中国語圏の人々が被災者《ひさいしゃ》の無事や平安を祈るために「祝」や「祝福」といった漢字を用いた言葉――たとえば、「祝大家平安、天佑日本」(皆《みな》さんの無事をお祈りしています、日本に天の守りがありますように）といった言葉――をSNSなどに書き込《こ》んだとき、日本語圏の人々はそれを悪い意味に誤解して捉える、という事態がときに生じてしまう。つまり、「私たちが災害に遭《あ》ったことを祝って、いい気味だと言っているのか！　なんて酷《ひど》い人々だ」といった誤解である。

また、同じ日本語圏においても言葉をめぐる慣習には違いが生じうる。たとえば「なおす」という言葉は、九州地方や近畿《きんき》地方などでは「片づける」という意味で用いられることが多い。「これ、なおしといて」という言葉は「これを片づけておいて」を意味する、という具合だ。しかし、別の地域に生まれ育った人がこの言葉を聞けば、「これを修理しておいて」という意味で取ってしまうこともある。

また、たとえば、夫が働きに出て妻が家で専業主婦をするという家族のかたちが一般《いっぱん》的であった時代には、「僕《ぼく》に毎日味噌汁《みそしる》をつくってください」という言葉がプロポーズとしての意味をもつことがあった。つまり、結婚とともに仕事を辞《や》め、家庭に入ってくださいい（そして、毎日朝御飯《あさごはん》をつくって僕に提供するような生活をしてください）という類いの提案である。しかし今の時代、つきあっている相手からこの言葉を聞かされても、引いてしまうどころか、そもそもなぜそんなことを言うのか意味が分からない、という人も多いことだろう。

このように、慣習は場所や時代などによって異なりうるのだから、何らかの慣習に従って行為しているにもかかわらず、相手とのあいだに誤解や無理解が生じる可能性があるのだ。

†言葉の意味自体の曖昧さによるコミュニケーション不全

そして、もう一点指摘《してき》できるのは、言葉が慣習的にもつ意味それ自体が孕《はら》んでいる曖昧さも、しばしばコミュニケーション不全を引き起こすということだ。

たとえば序章で触れたように、「このケーキやばい!」という発話は、このケーキがすごく美味《おい》しいという意味にも、また逆に、すごく不味《まず》いという意味にも取ることができる。これは、現在の日本語圏において「やばい」という言葉に曖昧性ないし多義性があることによる。つまり、この言葉は、「危険や不都合が予測される」とか「危ない」といった従来の否定的な意味合いだけではなく、肯定的《こうてい》な意味合いももちうる、という多義性である。(実際、2018年に刊行された『広辞苑《こうじえん》』第七版では、「やばい」の意味として、「のめり込《こ》みそうである」という語釈《ごしゃく》が新たに追加されている。)

同様のケースは日常にあふれている。たとえば、ある保険の勧誘《かんゆう》を受けた人が、断

るつもりで「結構です」とか「大丈夫《だいじょうぶ》です」と返事したにもかかわらず、勧誘に応じたと相手に解釈《かいしゃく》されることがありうる。というのも、「結構です」や「大丈夫です」という言葉は、勧誘や頼《たの》みなどを断るときだけではなく、それらに応じるときにも用いられうるからだ。

あるいは、次のような状況も考えてみよう。ある旅行から帰ってきた人に対して友人が、泊《と》まった宿の感想を訊《き》いたとしよう。その人は、清潔だったという意味で「きれいだったよ」と答えたのだが、友人は、宿の外装や内装、あるいは部屋から見える風景といったものが美しかったという意味で受け取るかもしれない。この場合も、「きれい」という言葉が「美しい」「清らかだ」「清潔だ」「さっぱりしている」「整っている」等々の意味をもちうる多義語であることが、コミュニケーションにおける誤解や無理解を誘発《ゆうはつ》している。

それから、日本語や英語などの個々の自然言語には、そうした語彙《ごい》（＝言葉の集まり）にまつわる曖昧さだけではなく、文法にまつわる曖昧さも存在する。たとえば、「あの弁護士の妻」という日本語の言葉は、「あの弁護士を夫にもつ妻」という意味にも、それから、「弁護士という職に就《つ》いている、あの既婚《きこん》女性」という意味にも取れる。英語の場合も同様で、たとえば「Billy hit Paul with a stick.」は、「ビリーがポールを棒で叩《たた》いた」という意味にも、「ビリーが、棒を持ったポールを叩いた」という意味にも取れる。それゆえ、できるだけ誤解を避《さ》けようとするなら、「あの弁護士の妻」や「Billy hit Paul with a stick.」といった曖昧な表現をそもそも用いないのが賢明《けんめい》ということになる。

いずれにせよ、**言葉が慣習的にもつ意味自体が曖昧さを免《まぬか》れない**以上、コミュニケーションがうまくいかない可能性は燻《くす》ぶり続けるものだと言えるだろう。

†この節のまとめ

発話という行為は、誰《だれ》かに冗談や皮肉を言うにせよ、挨拶や依頼や命令などをおこなうにせよ、多くの場合、**他者に向けて働きかけ、何らかの影響《えいきょう》を及《およ》ぼそうとする行為**の一種である。しかし、その言葉が意図した通りの意味で伝わり、意図した通りの影響を実際に及ぼせるかどうかは、社会的な慣習に支配されていない即興《そっきょう》的な側面に関してだけではなく、社会的な慣習に支配されている側面に関しても、必ずしも明確ではない。というのも、複数の慣習同士が衝突《しょうとつ》して誤解や無理解が生じる場合もあれば、言葉が慣習的にもつ意味自体に曖昧性――言葉の意味の多義性や文法的な曖昧性など――が含《ふく》まれる場合もあるからだ。

だとすれば、言葉は世界に存在する物事の影ないし模造品とばかりは言えないとしても、結局のところ、コミュニケーションをさまたげる障壁《バリア》としての性格が色濃《いろこ》いものだ、という結論にやはり傾《かたむ》かないだろうか。

次章では、古代ギリシアの哲学者《てつがく》プラトンの議論を跡《あと》づけながら、この問題をもっと深く掘《ほ》り下げることにしよう。

まとめ

◉発話は多くの場合、他者に働きかけ、何らかの影響を及ぼそうとする行為

・言葉には、物事を言い表すということとは別の機能が数多く存在する

◉発話がコミュニケーション不全をもたらす要因の例

①含意・冗談・皮肉のような、社会的慣習を逸脱《いつだつ》する側面から

②複数の社会的慣習の衝突から

③ある慣習のなかで成り立つ言葉の意味自体の曖昧性・多義性から

……とすると、**やはり言葉は「バリア」なのだろうか？**

2章

記《き》憶《おく》の外部化と言葉の一人歩き

実際、相手に送った
メッセージやメールの内容
――あるいは、相手にそうした
メッセージやメールを
送らなかったこと――が、
思いもかけず相手の誤解を招いたり、
悪い印象を与《あた》えたりすることは少なくない。

私たちは発話を通して他者に働きかけている。
そして、言葉の意味や用い方は
社会的な慣習に大きく支配されている。
言葉によるコミュニケーションの不確かさは
その慣習から逸脱《いつだつ》する面や、慣習同士の衝突《しょうとつ》、
さらには、慣習内で成り立つ言葉の意味自体の曖昧《あいまい》さ
からも生まれているようだ。
ではやはり、言葉はバリアなのか……？

2章では、大昔にプラトンが論じていた
「記憶《きおく》の外部化」と「言葉の一人歩き」という観点から
SNS時代における「言葉」の問題を検討してみよう。

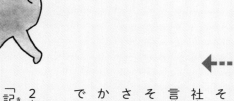

1　話される言葉と書かれる言葉の違《ちが》い

†プラトンの文字批判①――記《き》憶《おく》の外部化

言葉によって他者に働きかける行為《こうい》は、しばしば、誤解や無理解といったコミュニケーション不全に陥《おちい》ってしまう。古代ギリシアの哲学者《てつがく》プラトン（前427～347）の著作にはすでに、この点について本質的なポイントを衝《つ》いた議論が存在する。彼《かれ》は、その著作のひとつ『パイドロス』の終盤《しゅうばん》に、次のような神話を書き記している。

エジプトの古い神々のひとりであり「技術の主」であるテウトは、数学や天文学、将棋《しょうぎ》や双六《すごろく》など、さまざまなものを発明して人間に与《あた》えたが、なかでも注目すべき発明は文字である。テウトは神々の王タムスに対して、文字を覚えることによって人間の記憶《きおく》力と知識（知恵《ちえ》）は高まるのだと誇《ほこ》る。

しかし、タムスはこれに納得《なっとく》しない。彼は文字の生みの親テウトに対してこう反論する。**人は文字を覚えると、書かれたものに頼《たよ》るようになる**、と。つまり、情報を自分の頭のなかに記憶する代わりに文書や書物に刻み込《こ》むようになり、それを思い出すときも、新たに学ぶときも、そのつどそれらを探し、それらを参照して済ますようになる、ということだ。

そうやって記憶を外部化するにつれて、人は記憶力の訓練を怠《おこた》り、物事を深くきちんと知ろうとしなくなる。その結果、情報を知識として自分のものにしていないにもかかわらず、表面上は物知りのように見える人間ができあがってしまう。自分の頭で自在にものを考えることができず、本当の意味での知識をもたない、過大評価とうぬぼれだけが高まった人間になってしまう、というのである。（プラトン『パイドロス』藤沢令夫《ふじさわのりお》［訳］、岩波文庫、1967年、274C～275B）

†プラトンの文字批判②――書かれた言葉の「一人歩き」

この神話を紹介《しょうかい》した後、プラトンはさらに、文字で書かれた言葉の特徴《とくちょう》を次のように指摘《してき》している。書物などに書かれた言葉は、それこそ絵画作品のように、生きと何かを訴《うった》えかけているように見える。しかし、その意味などについて尋《たず》ねても、当たり前だが、文字は何も答えてはくれない。何も言葉を付け加えてくれないし、尋ね返してもくれない。そして、絵画のようにどこにでも持ち運ばれ、どこでも読まれてしまう。その言葉が書かれた状況《じょうきょう》から切りはなされて**一人歩きし、当**

初は想定されなかった多様な人々に、想定されなかった仕方で読まれる可能性があるのだ。プラトンはこう指摘している。

言葉というものは、ひとたび書きものにされると、どんな言葉でも、それを理解する人々のところであろうと、ぜんぜん不適当な人々のところであろうとおかまいなしに、転々とめぐり歩く。そして、ぜひ話しかけなければならない人々にだけ話しかけ、そうでない人々には黙《だま》っているということができない。

（『パイドロス』２７５Ｄ～Ｅ）

紙などに書かれた言葉は、口から発せられた言葉に比べて、一人歩きして制御《せいぎょ》困難になる可能性が高い。音声はその場ですぐに消えてしまうが、文字は長く残り、不特定多数の人の目に曝《さら》されうる。場所や人を選んで話しかけるということができないし、意味を誤解されたり、部分的に切り取られて不当に批判されたりしても、補足するなどして取りつくろうことができない。つまり、**書かれた言葉は孤立無援《こりつむえん》の状態に置かれる**のだ。

また、誤解されずに正しく読まれたとしても、想定以上の反響《はんきょう》を呼び、自分が望んでいなかったような影響《えいきょう》を人々や社会に与えることもありうる。たとえば、誰《だれ》かを批判する言葉が不特定多数の人々に拡散され、批判の声がどんどん高まり、その誰かが必要以上に攻撃《こうげき》されたり深く傷ついたりする、といったことだ。また、それによって、最初に批判の言葉を書き記した当人にも不特定多数から次々に批判が向けられることもありうる。いずれにしても、書かれた言葉は、自分で自分を守ることができないのである。

✝話される言葉の長所

他方、具体的な他者に向けて声で発せられる言葉の場合には、それを届けるタイミングや相手を選べるし、その相手に応じた言葉遣《づか》いや内容にカスタマイズできる。身振《みぶ》りや表情、声色《こわいろ》なども交えて話すことができるから、誤解や想定外の反応を避《さ》けるための手がかりもより豊富だ。また、相手の応答や表情などに応じて、説明の仕方を変えたり補足したりすることもできる。

たとえば、すごく美味《おい》しいケーキを食べたとき、満面の笑顔で、目の前のケーキを次々に口に運びながら「このケーキやばい！」と言ったなら、すごく不味《まず》いという意味に取られることはまずないだろう。また、仮にそのように誤解されて、「不味すぎて、自棄《やけ》になって食べてるの?」と言われたり、あるいは怪訝《けげん》そうな表情をされたとしても、「いやいや、いまのはほんとに美味しいという意味で言ったんだよ」というふうに、その場で訂正《ていせい》することができる。

その点でプラトンは、書かれる言葉よりも話される言葉のほうが優《すぐ》れたものでありうると主張している。つまり、話される言葉は、「それを学ぶ人の魂《たましい》の中に知識とともに書きこまれる言葉、自分をまもるだけの力をもち、他方、語るべき人々には語り、黙《もく》すべき人々には口をつぐむすべを知っているような言葉」(『パイドロス』276A)になりうるというのである。

†印刷技術の発達がもたらした変化

言葉は本来、それぞれ固有の状況のなかで発せられるものだ。すなわち、ある文脈(コンテクスト)において、あるタイミングで、ある人物からある人物に向けて、ある身振りや表情や声色などとともに発せられるものであり、また、それに続くさらなる発話によって助けられ、支えられるものだ。

しかし、文字で書かれた言葉は、そのような固有の状況から離れて発話者の制御を失っていく。助けや支えをもたないその言葉は、部分的に切り取られたり、誤解に基《もと》づいて批判を受けたり、曲解に基づいて利用されたりする。そしてときに、書いた当人が想定しなかった人々の目にも留《と》まり、想定外の反応が連鎖《れんさ》して加速していく場合もある。

書かれた言葉のこうした「一人歩き」は、さらにその後、15世紀のヨーロッパにおける活版印刷技術の発明などを通して、より頻繁《ひんぱん》で大規模なものになったと言えるだろう。手書きの写本などに比べて大量の書物がより素早《すばや》く、より広範《こうはん》に世に出されるようになったのである。

まとめ

- **「書かれる言葉（文字）」に対するプラトンの批判**
  ①記憶の外部化　…文字に頼り、自分の頭で覚えて考えることがなくなる
  ②言葉の一人歩き　…どんな人にどう読まれるか分からず、自分で自分を守れない
- 一方、「話される言葉（音声）」には状況に応じた柔軟《じゅうなん》性があり、自分で自分を守ることができる。**その点では書かれる言葉より優れている！**

2 プラトンの懸念《けねん》は過去のものとなったか

†プラトンの懸念《けねん》──生きた言葉の喪失《そうしつ》がもたらしうる二つの問題

前節で跡《あと》づけたように、プラトンは、生きた言葉が発せられることの重要性を強調している。それはより具体的に言えば、思慮《しりょ》深く選ばれた言葉が、特定の文脈において、特定のタイミングで、特定の人から特定の人に向けて、特定の身振《みぶ》りや表情や声色《こわいろ》などとともに発せられる、ということだ。こうした特性は、文字で書かれ、さらに、印刷して大量にコピーされたものになるほど、おのずと失われていく傾向《けいこう》にあると言えるだろう。

では、その喪失《そうしつ》はどういった問題を生み出しうるのだろうか。プラトンの懸念《けねん》を振《ふ》り返っておこう。主に二点ある。

（1）その場ですぐに消え去る音声とは異なり、文字で書かれた言葉は長く残りうる。しかし、人が文字に頼《たよ》り、記憶を文書や書物といった媒体《ばいたい》に**外部化**するようになると、記憶《きおく》力も知力も以前より弱まることになる。また、それにもかかわらず、表面上は物知りのように見せることができるから、過大評価とうぬぼれだけが高まった人間になってしまう。

（２）また、文字で書かれた言葉は長く残るので、それが記された当初の状況《じょうきょう》から離《はな》れて**一人歩き**し、しばしば不特定多数の人の目にも曝《さら》される。そして、意味を誤解されたり、部分的に切り取られて不当に批判されたり、あるいは過剰《かじょう》な反響《はんきょう》を呼び起こしたりする場合がある。しかも、そうした想定外の事態に応答することができないという、孤立無援《こりつむえん》の制御《せいぎょ》困難な状態に置かれがちだ。

†保存され拡散されるのは、いまや文字だけではない

このプラトンの懸念は、彼《かれ》が生きた二千数百年前のギリシアの社会にのみ当てはまることではない。その後の印刷技術の発達によって、文字で書かれた言葉がより速く、より多くの人々の目に留《と》まるようになったことは、先に確認《かくにん》した通りだ。

さらに現代では、録音や録画などの技術、ラジオやテレビ、インターネットなどの情報通信技術の驚異《きょうい》的な発達によって、文字だけではなく、発話時の音声や映像も、その場かぎりで消え去ることなく残り続け、瞬《またた》く間《ま》に世界中に拡散されうるようになった。

そうした音声や映像には、声色やイントネーション、発声のリズム、身振り、発話された場所なども記録されているから、その点で文字よりも情報量が多いとは言えるだろう。しかし、だからといって誤解や曲解などが避《さ》けられるわけではない。その音声を聴《き》いたり映像を見たりする人々の反応に対してさらに応答できない――自分で自分を守れない――という点では、文字と変わらないのだ。

それゆえ、**かつてプラトンが示した種類の懸念は、いまや文字だけではなく、音声も含《ふく》めた言葉全体に及《およ》んでいる**と言える。実際、誰《だれ》かが発言した音声や映像が世間に広まって炎上《えんじょう》し、取り返しがつかなくなるケースは枚挙《まいきょ》にいとまがない。

記憶がインターネット上に外部化される現代

この点を踏《ふ》まえて、まず、先の（1）の懸念について再び考えてみよう。現在私たちは、身の回りの物事の記録を、しばしばパソコンやスマホといった電子端末《たんまつ》を用いておこなっている。それから、何か新しい事柄《ことがら》を知ろうとする際にもそうした端末を用いて、インターネット経由で情報を引き出している。たとえば、Googleなどの検索《けんさく》エンジンを利用したり、ChatGPTなどの生成ＡＩに質問したりといった具合だ。あるいは、YouTubeなどの動画共有サービス上で公開されている解説動画を

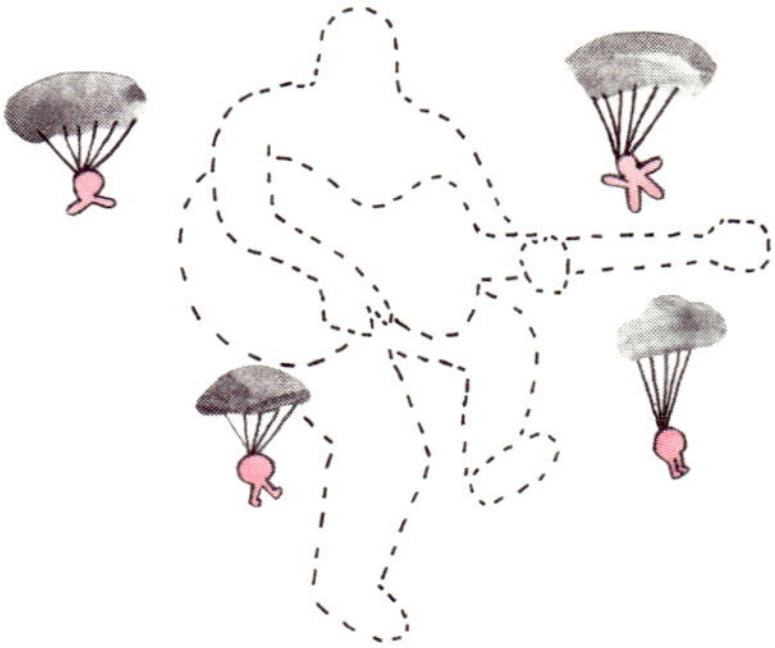

見て知る、といったこともあるだろう。いずれにせよ、記憶の外部化は、プラトンの時代から現在に至るまで、その方法も規模も拡大を続けている。

それだけではない。現在私たちは、発話する（＝言葉を声に出す、言葉を書く）という行為《こうい》自体も部分的に外部化できるようになった。つまり、自分の頭や口や手を使う代わりに、生成ＡＩに文章そのものを書いてもらい、その文章を使って情報を発信したり質問に受け答えしたりすることが可能になったのである。

こうなると、情報や知識をわざわざ自分の頭のなかに蓄《たくわ》えるという手間をかけるのは無駄であり、それよりも、インターネットや生成ＡＩなどの技術を活用する術《すべ》を身につけるほうが賢明《けんめい》である――「コスパ（費用対効果）」や「タイパ（時間対効果）」がよい――という考え方も生まれうるし、現にそう主張する者もいる。しかし、本当にそうやって外部化一辺倒《いっぺんとう》になってしまえば、私たちはそれこそプラトンの批判する、〈見かけだけは物事をよく知っていて、頭が良いように見えるが、実際には過大評価とうぬぼれだけが肥大した人間〉と化してしまうおそれがあるだろう。

少なくとも、極端《きょくたん》な外部化は次のような問題を生じさせる。まず、本やノートや電子端末などが手元にないとき、停電や通信障害が起こったりシステムがダウンしたりしたとき、あるいは、本や端末を開く時間もなく、その場ですぐ臨機応変に対応しなければならないようなとき、私たちはまさしく無能になってしまう。それから、幅広《はばひろ》い知識を自分の頭のなかで自在に組み合わせて思考をめぐらすといったことも、あるいは、新たに経験した事柄に対して、自分の頭のなかにすでに入っている知識との関連性や類似性を見出《みいだ》すといったことも、当然不可能になってしまう。**記憶の外部化は人間の記憶力と知力を衰《おとろ》えさせるという、プラトンが懸念した問題は、現在では解消されたどころか、より深まっている**と言えるのである。

†SNSにおける「言葉の一人歩き」

では、(2)の「言葉の一人歩き」にまつわる懸念についてはどうだろうか。

現在私たちは、文字でも音声でも映像でも、SNSへの投稿《とうこう》などのかたちで瞬時《しゅんじ》に発信することができる。しかし、その**発信した内容が不特定多数の人々に、それこそ世界的な規模で拡散され、いわゆる「炎上」状態になる**ことも少なくない。すなわち、正しい理解に基《もと》づくものであれ、誤解や無理解に基づくものであれ、ひとつの投稿が猛烈《もうれつ》な数の非難や称賛《しょうさん》を巻き起こしながら一人歩きし、それらがより過激な投稿を誘発《ゆうはつ》するといった事態は、現在では日常茶飯事《にちじょうさはんじ》だ。そして、そのような「炎上」状態になると、火元となる最初の投稿者本人はもはやほとんど手の施《ほどこ》しようがない。追加で投稿をおこなって誤解を訂正《ていせい》したり補足をしたりしても、拡散を止めたり状況《じょうきょう》をコントロールしたりすることは難しいのである。

また、言葉の一人歩きは、こうした不特定多数への拡散というケースだけではなく、特定の相手に対して発信するという小規模なケースでも重大な問題を引き起こしうる。手紙であれ、ＳＮＳのメッセージやメール等々であれ、一度相手に差し出した言葉がどのように理解され、どういう影響《えいきょう》を及ぼすかは定かではないのだ。

もっとも、かつて主流だった手紙のやりとりとは異なり、ＳＮＳ上のやりとりは、数分とか数秒といった単位で次々に、延々と言葉を交《か》わし合うことができる。とはいえ、それでも結局はどこかで切り上げなければならないという点では変わりがない。たとえば、自分が発信した言葉でＬＩＮＥなどのやりとりを一度切り上げるとき、その**最後の言葉が相手にどう受け取られているかはもはや確かめられず、孤立無援の状態に置かれる**のだ。

ＳＮＳでは、その不安や気まずさを打ち消すように、最後にどちらかが「」や「」などのリアクションマーク、あるいは、同様の肯定的《こうてい》な意味合いのスタンプな

どを送信し、それで一連のやりとりが終わることも多いだろう。しかし、それらのマークやスタンプも、「グッド」や「いいね」といった意味をもつ記号の一種であり、記号を用いて相手に働きかける発話の一種である。そうである以上、その行為の意図も、それが及ぼす影響も、不明確さを免《まぬか》れることはできない。

さらに、言葉やリアクションマークやスタンプを返さないことも、それ自体が一個のメッセージになってしまう。SNSでは、相手からの発信を読んだことが、その相手にすぐに知られうる。また、相手にすぐに返信することもできる。そして、そうであるがゆえに、いわゆる「未読スルー」や「既読《きどく》スルー」のように、すぐに読まないことやすぐに返信しないことそれ自体が、相手に対する好意のなさや興味のなさなどを示す行為として受けとめられることがあるのだ。

実際、相手に送ったメッセージやメールの内容——あるいは、相手にそうしたメッセージやメールを送らなかったこと——が、思いもかけず相手の誤解を招いたり、悪い印象を与《あた》えたりすることは少なくない。そして、そこから深刻なトラブルに発展したり、相手との関係が壊《こわ》れてしまうといった事態も、私たちの生活のなかでときに生じている。

SNS上での文字や記号を中心としたコミュニケーションは、直接会って話すことに比べて、気楽で手軽で利便性が高いが、その分だけ失うものも大きい。それは、先述のポイントを繰《く》り返すなら、対面ではおのずと取り入れられている豊かな手がかり――たとえば、発話の際の口調、表情や眼差《まなざ》し、身振り、そして、互《たが》いが共有している場やその雰囲気《ふんいき》といったもの――である。こうした手がかりを欠いたまま、時間に追われるようにコミュニケーションをおこなえば、誤解や炎上などの可能性もそれだけ高まるのは当然と言えるだろう。

†私信と公的な発信の境界線の薄《うす》さ

それからもうひとつ、現在の社会が以前の社会と違《ちが》うのは、私信がおおやけになりやすいということだ。

直筆《じきひつ》の手紙という現物だけが私信を送る唯一《ゆいいつ》の手段であった時代には、その内容が第三者に知られる可能性は低かった。しかし、現物をコピーしたり撮影《さつえい》したり、電子媒体でメールやメッセージなどを送ったりできるようになった現在では、意図的な暴露《ばくろ》であれ、送信先のミスなどの意図せざる事故であれ、その危険は飛躍《ひやく》的に高まっている。

それゆえ、特定の相手のみに向けて言葉を書き送ったつもりが、思わぬ人の目に留まってしまう事態も頻発《ひんぱつ》している。たとえば、特定の相手に送ったはずのメール

が他人に転送されるとか、いわゆる「鍵《かぎ》」をかけて友人など特定の範囲《はんい》の人々のみに向けて投稿した文章が、スクリーンショットなどの方法で保存されて、誰でも閲《えつ》覧《らん》できるかたちで曝《さら》されるといったことだ。そうやって、誰かに対する悪口や、悪ノリで書いた下品な言葉、差別的な言葉などが、通っている学校や職場などに知られて問題となったり、場合によってはマスメディアなどに取り上げられて職や社会的地位を失ったりすることもある。

このように、**私信が公的な発信と化してしまいやすい**現在の状況を考慮《こうりょ》するなら、言葉が一人歩きして制御困難になることに対するプラトンの懸念を、私たちはより深刻に受けとめなければならないだろう。

†プラトンが懸念した問題は、より深刻化している

もちろん、情報通信技術の発達が私たちにもたらしたことには良い面もある。先に触《ふ》れた、気楽さ、手軽さ、利便性といったものはその一部だ。たとえば、いまや私たちは遠く離《はな》れ離《ばな》れになった人と簡単に言葉を交わせるようになったし、世界中の人々と気軽につながれるようになった。

それから、直接に面と向かって発せられる言葉ばかりが生きたものになり、相手

を深く揺《ゆ》り動かすわけではない。誰かが書いてくれたメッセージやメールによって慰《なぐさ》められたり励《はげ》まされたりすることもあるだろう。

また、言葉の一人歩きも、必ずしも害悪ばかりもたらすわけではない。本屋や図書館で手に取った本から、あるいは、ネット上でたまたま見かけた匿名《とくめい》の文章から、自分のこれまでの物事の見方が変わるほど感動を得たり、新たな発見をしたりすることもあるだろう。勇気を与えられたり、救われたりすることもあるだろう。それから、ひとつの作品が多くの人の目に触れることで、新しい魅力《みりょく》的な解釈《かいしゃく》や創造的な読み解きといったものがより触発《しょくはつ》される、という面もあるだろう。(なお、これに関連する点については、本書の最後に再び取り上げる。)

さらに、私信と公的な発信の境界線の薄《うす》さも、必ずしも悪いことばかり引き起こすわけではない。たとえば、個人的な手紙がその後の時代に公開され、文学的な価値や哲学《てつがく》的な価値が認められるようになった例は、古来枚挙にいとまがない。誰に向けて書いたわけでもない日記が、のちに素晴《すば》らしい文学作品として多くの人々に愛好されることすらあるのだ。

とはいえ、この章で見てきたのは、これらの利点や積極的な可能性を加味しても、**記憶の外部化と言葉の一人歩きに対するプラトンの懸念はいまなお有効である**ということだ。いやむしろ、現代社会の状況を考えると、かつての時代よりも深刻に受けとめなければならないとさえ言える。

次章では、以上の点を踏まえながら、他者に働きかける行為としての発話――言葉を語ること、書くこと――が孕《はら》む諸問題を、引き続き掘《ほ》り下げていく。そこで新たに主題となるのは、発話という行為が向けられる対象は二種類の方向性に大別されるということ、そして、それぞれの方向性に障壁《バリア》としての言葉の側面がやはり見《み》出《いだ》される、ということだ。

まとめ

◉**情報通信技術が発達した現代では……**

①記憶や発話を、電子端末やインターネット上に外部化
　→記憶力や知力をますます衰えさせるおそれ

②SNSなどでは、言葉の一人歩きと孤立無縁も拡大
　→炎上や誤解など、トラブルの可能性が高まる

③私信と公的な発信との境界線が薄くなる

◉情報通信技術が発達したことの利点や可能性もあるけれど、

プラトンの懸念はいまなお有効であり、より深刻になっている！

3章

コミュニケーションの二つの方向性

一方は自分の使いたいように自然に言葉を使い、
他方にマウントを取り、他方を操《あやつ》り、場を支配する。
他方は、言葉の制御《せいぎょ》を相手に明け渡《わた》さざるをえない。
……そして、一方はそのことに往々にして気づかない。
自分が相手の言葉を奪《うば》い、声を奪っていることに気づかない。

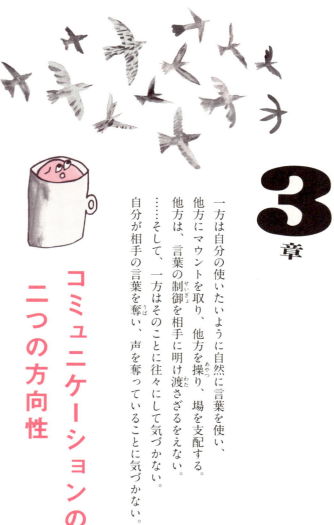

前章では、書かれた言葉に対する
プラトンの二つの懸念《けねん》を確認《かくにん》し、
その観点からＳＮＳ時代の「言葉」のあり方を見てみた。
……言葉はやはりバリアなのではないか？

3章では、
生活圏《けん》や文化圏を共有していない「遠い」相手か、
生活圏や文化圏を共有している「近い」相手か、
という二つの方向性から言葉を捉《とら》え、
言葉はバリアか？という問いをさらに検討してみよう。

1 遠く、多様な人々とのコミュニケーション

†生活圏《けん》や文化圏が遠い相手か、近い相手か

1章2節で確認《かくにん》したように、発話すること（＝言葉を出力すること）は多くの場合、他者に対して何かを働きかける行為《こうい》である。また、2章で確認したように、その「他者」は多様なものでありうる。たとえば、自分の書いたものをインターネット経由で読む不特定多数の人々であるかもしれないし、自分の目の前にいて、身振《みぶ》りや表情なども交えながら直接語りかける相手であるかもしれない。

こうした、発話の際に物理的に遠い者と近い者という区別だけではなく、本章ではさらに、**生活圏《けん》や文化圏が遠いか近いか**という区別をめぐっても検討していきたい。つまり、発話を通して働きかける相手が、（1）生活圏や文化圏を異《こと》にする赤の他人か、それとも、（2）そうした枠組《わくぐ》みをある程度共有している知り合いか、といった種類の区別である。この節ではまず、（1）の種類の「遠い」相手とのコミュニケーションがどのような特徴《とくちょう》をもつのかを見ていくことにしよう。

†言葉は生活の流れのなかではじめて意味をもつ

言葉が何を意味し、どのような行為に用いられるかは、かなりの程度、社会的な慣習によって規定されている。たとえば「まばゆい」や「外は雨が降っている」といった言葉が特定の意味を帯び、特定の使われ方をするのは、これらの言葉が日本人の生活のなかに長く息づき、特定の仕方で流通してきたからにほかならない（1章1節参照）。

現代を代表する哲学者《てつがくしゃ》ルートウィヒ・ウィトゲンシュタイン（1889〜1951）は、「**言葉は生活の流れのなかではじめて意味をもつ**」と記している（『ラスト・ライティングス』古田徹也《ふるたてつや》［訳］、講談社、2016年、245頁《ページ》）。さまざまに変容しつつ繰《く》り返される特定の生活のパターンがあってこそ、そのなかで個々の言葉が特定の意味をもつことができる。それゆえ、言葉の意味を知り、その使い方を知ることは、かなりの程度、その言葉を用いた生活の仕方ないし生活のかたち――これをウィトゲンシュタインは「**生活形式**」（同410頁）と呼ぶ――を知ることにほかならないのである。

子どもは生まれてから、特定の生活圏・文化圏において、親などの保護者によって育てられる。たとえば日本に生まれたら、親や教師などによる教育を通して、ここは「外」であり、これは「雨」であるということや、これは「まばゆい」と呼ぶといったことなどを学んでいく。すなわち、長い時間をかけて日本語の個々の言葉の使い方を学ぶと同時に、世界がどのようなものか、また、そのなかでどのように生活して振《ふ》る舞《ま》うべきかを知るようになる。

このことが意味するのは、母語（＝生まれ育つ過程で自然に身につける言語）を習得した時点で子どもはすでに、世界について特定の文化において培《つちか》われてきた特定の見方や、その世界のなかで生活する仕方（＝生活形式）を、ある程度身につけているということである。つまり、**母語を学ぶことには、成長して伝統へと入っていくということが含《ふく》まれる**のである。

† 生活形式を共有しない「遠い」相手とのコミュニケーションの難しさ

だとすれば、生活形式を共有していない者同士では言葉が通じにくいのも、また、誤解などが生じやすいのも、当然のことと言えるだろう。

たとえば、日本人は「すみません」という言葉を実に多様な仕方で用いる。レストランで店員さんに呼びかける際に「すみません」と言う場合もあれば、誰《だれ》かに落とし物を拾ってもらって感謝の意を伝える際に「すみません」と言う場合もある。また、誤って誰かの足を踏《ふ》んでしまって謝罪する際にも、しばしば「すみません」と言う。つまり、時と場合に応じて「呼びかけ」「感謝」「謝罪」という多様な意味でこの言葉が用いられるような生活形式が、日本語文化圏には認められるということだ。

したがって、この生活形式になじみのない人は、たとえば呼びかけの意味で発せられた「すみません」を謝罪だと誤解してしまうことがある。あるいは、生活のなかのさまざまな場面で「すみません」という言葉が多用されていることだけを見て、「日本人はなんでもすぐに謝る」といった浅い理解をしてしまうこともあるのだ。

†曖昧《あいまい》な言葉を使わないことの副作用①——語彙《ごい》が増える、冗長《じょうちょう》になる

この種の誤解や無理解を避《さ》けようとするなら、曖昧《あいまい》で多義的な言葉をそもそも用いないのが有効だろう。ただしそれは、言葉ではなく笑顔や握手《あくしゅ》やハグといった身振りを使えば生活形式を共有していない他者とでも正確に意思疎通《そつう》できる、ということではない。もちろん、通じ合える場合もあるだろうが、笑顔や握手やハグなども基本的に、個々の生活圏や文化圏において特定の意味をもつ記号的なものであり、しかも、相当に曖昧なものだ。そのつどの笑顔が相手にどう受け取られ、握手やハグなどを求めることが相手にどう受け取られるかは、しばしば言葉以上に不明瞭《めいりょう》だ

と言わざるをえない。

　したがって、私たちは多くの場合、言葉自体を用いないわけではなく、曖昧さや多義性をもたない言葉を用いることによって、誤解や無理解を避けようとする。しかし、言葉からそうやって曖昧さを排除《はいじょ》しようとすることには、それなりの副作用も伴《ともな》う。なぜなら、多義性をもった言葉を用いないということは、意味の異なる事《こと》柄《がら》にはそのつど別の言葉を用いるということだからだ。

　たとえば英語の「order」という単語ひとつとっても、「順序」「命令」「注文」「秩《ちつ》序《じょ》」「等級」といった実に多様な意味がある。したがって、それぞれの意味ごとに「order」ではなく別の単語を用いようとすれば、「arrangement（順序）」、「command（命令）」、「request（注文）」、「discipline（秩序）」、「rank（等級）」等々の単語も覚え、そのつど使用する必要がある。つまり、**多義語を文字通り全部なくそうとすると、そのつど使用すべき単語が爆発《ばくはつ》的に増えてしまう**のである。

　あるいは、誤解や無理解を避けるための別の方策として、多義語を使用する際にどの意味で言っているかをそのつど明確にすることもできる。たとえば、どの場合でも「order」を使用しつつ、「いまの「order」はこれこれの意味で言っていて……」といった補足を加えるとか、あるいは、「すみません」という言葉に関しても、そのつど、「いまの「すみません」は感謝の意味です」などと付け加える、といったことだ。ただ、そうすると、序章でもすでに触《ふ》れたとおり、言葉がどうしても冗長《じょうちょう》になり、非効率で面倒《めんどう》なコミュニケーションになってしまうだろう。

†曖昧な言葉を使わないことの副作用②——内容が浅薄《せんぱく》になる

では、こうした複雑化——語彙《ごい》の増加や表現の冗長化——を避けつつ、生活圏や文化圏を共有しない「遠い相手」にも伝わる発話をおこなうには、どうしたらよいのだろうか。

それには、**表現する内容自体を、簡単に伝えやすい単純なものにする**しかない。実際、英語圏だけではなく多様な言語文化圏の人々が集《つど》う国際学会などの場では、主に英語が使用されるとしても、語彙はかなり限定され、内容や文法構造をシンプルにした表現が用いられている。そこでは、内容の豊かさや深みをある程度犠牲《ぎせい》にすることで、たがいに意思疎通できる妥協《だきょう》点が目指されていると言えるだろう。

そしてこれは、学術活動上の国際共通語としての英語のみに認められる特徴ではない。一般《いっぱん》に、共通語としての言葉——多様な文化的背景をもつ人々同士の意思疎通を目指す言葉——には、（1）語彙の数を絞《しぼ》る、（2）文法構造をシンプルにする、

（3）伝える内容を簡素にする、という特徴が見られる。つまり、言葉から曖昧さを排除しつつ、表現が複雑で冗長なものになることも避けようとすれば、**表現する内容自体を浅いものにする（あるいは、貧しいもの、乏《とぼ》しいものにする）方向へと傾《かたむ》きやすい**のである。

たとえば、英語が国際共通語としての役割を果たす異文化交流の場で、英語を母語としない者同士が意思疎通を図《はか》る際には、本当に言いたいことを言えない妥協的なコミュニケーションになる場合が多い。というのも、自分が言いたい深い意味合いや微妙《びみょう》なニュアンスをうまく英語に翻訳《ほんやく》することができなかったり、あるいは、相手の英語の習得レベルに配慮《はいりょ》してシンプルな表現をせざるをえなかったりするからだ。そうした場合には、言葉は自分と相手をつなぐ媒介物《メディア》であると同時に、相手に対して十全にものを伝えることを阻《はば》む障壁《バリア》のようにも感じられるだろう。

†曖昧な言葉を使わないことの副作用③——つまらない表現になる

また、表現から曖昧さを排除することに伴う副作用は、こうした表現の複雑化ないしは内容の浅薄化《せんぱく》というものに尽《つ》きるわけではない。

簡にして要を得た、含蓄《がんちく》のある深い言い回し。簡潔だが広がりのある、豊かな内容を含んだ叙述《じょじゅつ》。高度な文章技術を駆使《くし》した芸術的な描写《びょうしゃ》。――それらは、曖昧で多義的な言葉や、比喩《ひゆ》などの各種のレトリックなしでは成立しがたい。それゆえ、語彙や文法のスリム化はその種の文学的表現や詩的表現の多くを手放すことを意味するだろう。たとえば、「旅することとは生きることである」（ハンス・クリスチャン・アンデルセン）、「読むとは借りることである」（ゲオルク・クリストフ・リヒテンベルク）、「絶望もまた希望の一形式である」（安部公房《あべこうぼう》）等々の深みや含蓄《がんちく》のある言葉だ。

また、日本の和歌は、ひとつの言葉に複数の意味を兼《か》ね持たせる「掛詞《かけことば》」などのレトリックをよく用いている。一例を挙げれば、百人一首に収録されている「風をいたみ　岩うつ波の　おのれのみ　くだけて物を　思ふころかな」（源重之《みなもとのしげゆき》）という歌は、岩に打ち寄せる波が「くだける」ことと、思い悩《なや》む自分の心が「くだける」ことを掛《か》けている。しかし、こうした趣《おもむき》ある面白い表現も、曖昧さの排除という方針に反するものになってしまうだろう。

それから、ひとつの言葉に複数の意味をもたせる言葉遊びは、詩歌《しいか》だけではなく冗談《じょうだん》でも多用される。たとえば、「うちのじいちゃんが最近冷たい」という文を見てみよう。この文を読む人が、「冷たい」という言葉がここでは「冷淡《れいたん》」ではなく、文字通り冷たいこと――「死んでいる」こと――を意味していると気づき、思わず笑ってしまうとすれば、このブラックジョークは成功したことになる。そして、この種の表現も、言葉から多義性や曖昧さを排《はい》するならば成立しなくなるだろう。

つまり、誤解の余地のない言語表現を追求する方向性は、表現の複雑化ないしは内容の貧困《ひんこん》化に結びつくだけではなく、**私たちの言語表現から詩情、深み、美しさ、面白さといったものを奪《うば》う**――そしてその分だけ、私たちの生活を味気なく、つまらないものにする――ということにも結びつくのである。

まとめ

◉**「言葉は生活の流れのなかではじめて意味をもつ」**
＝母語を習得するとは「生活形式」を身につけること

◉**生活形式を共有しない「遠い」相手に対しては**
・曖昧で多義的な言葉を用いないことで、誤解や無理解を避けようとする
→①語彙が増える、冗長になる ②内容が浅くなる
③詩情や深みが奪われ、つまらなくなる ……などの副作用を伴う

2　近く、限られた人々とのコミュニケーション

†生活形式を共有している「近い」相手とのコミュニケーション

前節では次の点を確認《かくにん》した。言葉を用いたコミュニケーションにおいて誤解が生じる可能性を極力減らし、生活圏《けん》や文化圏の異なる遠い者同士でも間違《まちが》いなく意思《いし》疎通《そつう》する、ということを目指す方向性は、言語表現の複雑化をもたらすか、あるいは、語彙《ごい》や文法のスリム化、意味内容の浅薄化《せんぱくか》（簡素化、貧困化《ひんこんか》）といったものをもたらすことになりやすい。また、いずれにしてもこの方向性においては、言葉は詩情、深み、美しさ、面白さといったものを失った無味乾燥《むみかんそう》なものになりやすい。

本節では、逆の方向性について見ていこう。つまり、生活形式を深く共有している人――その意味で、近い人――に向けて、ローカルな言葉を用いて密度の濃い意思疎通をおこなう方向性である。そこにはどのような特徴《とくちょう》があるだろうか。

✝ハイコンテクストな言葉の例①――業界用語・専門用語

まず言えるのは、**ハイコンテクストな言葉が多用される傾向《けいこう》にある**ということだ。

「ハイコンテクスト」とは、いわゆる「身内《みうち》」や「仲間内《うち》」のように、生活圏や文化圏を同じくし、物事の背景や事情、考え方などを共有している度合いが高いことをいう。そして、「ハイコンテクストな言葉」とは、そのように、使用される文脈（＝コンテクスト）や関連情報を共有していてはじめて理解できるような、多義性や微《び》妙《みょう》なニュアンスを帯びている言葉のことである。

個々の業界や学界など、特定の界隈《かいわい》において使われる業界用語ないし専門用語は、そのようなハイコンテクストな言葉の代表例と言える。たとえば、日本のビジネス業界ではいま「エンゲージメント」という言葉が盛《さか》んに使われている。この言葉の由来は英語の「engagement」であり、これは「約束」「契約《けいやく》」「婚約《こんやく》」「雇用《こよう》」「（歯車などの）嚙《か》み合い」などを指す多義語だが、日本のビジネス業界において「エンゲージメント」はしばしば、「従業員や顧客《こきゃく》と企業《きぎょう》とのあいだの相互《そうご》的な信頼《しんらい》関係」とか、「従業員や顧客が企業に対して向ける信頼や愛着」といったものを指す。つまりこの業界では、こうした長い言葉をわざわざ連ねなくとも、「エンゲージメント」と言うだけでその複雑な意味がすぐに相手に伝わり、従業員や顧客と企業とのあいだにどうやって相互的な信頼関係を築くかといったテーマをめぐって検討し合うことなどができるのである。

ハイコンテクストな言葉の例② ――方言

目的や関心などを同じくするビジネス業界や研究業界といった界隈《かいわい》だけではなく、それぞれに伝統や慣習を培《つちか》い、独自の文化をかたちづくってきた個々の地域においても、同様に曖昧《あいまい》でハイコンテクストな言葉がさまざまに存在し、重要な役割を担《にな》っている。すなわち、物事に対する特定の捉《とら》え方や価値観などを示す方言である。

たとえば、北海道や東北地方の方言に、「いずい」という言葉がある。この言葉は、「窮屈《きゅうくつ》」「しっくりこない」「収まりが悪い」「歯がゆい」「違和《いわ》感がある」「落ち着かない」「居心地《いごこち》が悪い」といった意味をもつ。具体的には、「目にゴミが入ってごろごろした感じがすること」や、「床屋《とこや》に行った帰りに、シャツの襟首《えりくび》についた髪《かみ》でチクチクすること」、「買った服のサイズが小さかったり、逆に大きかったりして、着られはするが、なんとも気持ち悪いこと」、「三人掛《が》けの椅子《いす》の真ん中に座《すわ》ってしまい、どうも落ち着かないこと」等々、多様な場面で重宝されている。

こうした方言は、よその地域の人にはその独特の意味合いやニュアンスがいまいち理解できないとしても、地元で生まれ育ったような人であれば、すぐに把握《はあく》できる。それは、実際に生活の具体的な場面でこれらの言葉を見聞きし、使用する、ということを長らく繰《く》り返してきたからにほかならない。前節で引用したウィトゲンシュタインの叙述《じょじゅつ》を繰り返すならば、「言葉は生活の流れのなかではじめて意味をもつ」のである。

†余計な言葉がいらなくなり、言葉自体が省略される

それからもうひとつ、生活形式を深く共有している相手との密度の濃《こ》いコミュニケーションに関して、以上の点とも関連する一般《いっぱん》的な傾向として言えるのは、**余計な言葉がいらなくなる**ということだ。もちろん、ともに長く暮らしている親しい者同士でも意味の取り違《ちが》えなどが起こることはある。だが、たとえば日本語文化圏に深くなじんでいる者同士で、いまの「すみません」は呼びかけの意味だったのか謝罪の意味だったのか、といった補足が必要なことはまずない。多くの場合、混乱することなく多種多様な多義語を自然に交わしているだろう。

そして、こうした傾向はさらに、**言葉自体を省略する**傾向へとつながっている。コミュニケーションの背景となる情報や状況《じょうきょう》を深く共有し、「この相手はこういう場合

にはこうする」といった性向を互《たが》いに把握しているような場合には、傍目《はため》にはかなり曖昧に思える言葉遣《づか》いであっても、たとえばごく短い言葉や言葉の一部を発するだけで、十分に意思疎通しうるのだ。

いくつか具体的な例を挙げてみよう。LINEなどのSNS上のコミュニケーションにおいてはよく、言葉を極限まで省略した発話が流行《はや》ることがある。たとえば、用件を了解《りょうかい》したことを相手に伝える際に、「りょうかい」と打ち込《こ》まずに「りょ」で済ます——さらには「り」という一文字だけ送る——といったことだ。また、対面のコミュニケーションにおいても、長く親密な関係にある者同士では、たとえば「飯《めし》！」や「風呂《ふろ》！」といった単語だけでも、相手はすぐに、「食事にしたいから、テーブルに料理を並べてくれ」という意味や、「これからお風呂に入りたいから、湯船にお湯をためてくれ」という意味で理解できることがある。さらには、「あれして」とか「あれね」といった、ほとんど指示詞だけのきわめて曖昧な言葉でも、その意味する内容が相手に正確に通じることがある。（なお、こうしたやりとりの背景に存在しうる権力勾配《こうばい》などについては、後の84ページ以降で詳《くわ》しくあつかう。）

密度の濃《こ》いコミュニケーションのメリットとデメリット

このように、同じ地域の同じ世代同士、同じ職場や家庭などで長い時間をともにする者同士、同じ学校に通っている者同士など、生活形式を深く共有する「近い」者たちのあいだで交わされる密度の濃いコミュニケーションにおいては、ハイコンテクストな言葉が多用されたり、言葉自体がときに極限まで省略されたりする。

この種のコミュニケーションの利点は、まずもって、話が早いということだ。言葉を長く連ねなくとも、**簡潔な言葉で効率的な意思疎通が図《はか》れる**のである。また、**繊《せん》細《さい》な意味合いや微妙《びみょう》なニュアンスを伝えられる**ことも、それから、機知や含蓄《がんちく》に富んだ言葉、冗談《じょうだん》、皮肉など、ひとつの言葉に深い意味をもたせた**豊かな表現を楽しめる**ことも、この種のコミュニケーションならではの利点だ。さらに、分かる人には分かるハイコンテクストな言葉を交わし合うことそれ自体が、**互いの親密さや仲間意識を高める**効果をもちうるとも言えるだろう。

だが、こうした利点は同時に、この種のコミュニケーションの難点でもある。つまり、ハイコンテクストな言葉をいまいち理解できなかったり上手に使えなかったりする人を、おのずと排除《はいじょ》することになりやすいのだ。その閉鎖《へいさ》的な傾向には、ある業界の人々が、自分たちの駆使《くし》する業界用語が分からない**外部の人々に対して優越《ゆうえつ》**

感を抱《いだ》き、エリート意識をこじらせてしまうことや、ある地域に住む人々の**意識が内向きに傾《かたむ》きすぎて、よそ者とのあいだに壁《かべ》をつくってしまう**ことなどが含《ふく》まれる。集団の内部では互いをつなぐ便利で快適な媒介物《メディア》として働く言葉は、その外側の人々との関係においては、しばしば障壁《バリア》として働いてしまうのである。

†エコーチェンバー、フィルターバブル

また、この点に関連して、特にSNSや検索《けんさく》サイトなどのインターネット空間においては、「**エコーチェンバー**（残響室《ざんきょうしつ》）」や「**フィルターバブル**（フィルターによって形成される泡《あわ》）」と呼ばれる現象も発生しやすい。

エコーチェンバーとは、自分と物事の見方や価値観などが近い人ばかりフォローすることによって、あたかも音が響《ひび》く小部屋（echo chamber）のなかで反響《はんきょう》を聞くように、自分が発信した意見と同じような意見を聞き続けたり、自分の意見に対する肯定《こうてい》的反応ばかりに接し続けたりする現象のことをいう。

また、フィルターバブルとは、SNSや検索サイトのアルゴリズム（＝一定の手順に従った自動的な情報処理）が、利用者の好みや傾向性を学習して、その利用者が見たい情報ばかりが優先して表示されるようになり、見たくない情報や関心の低い情報

から遮断《しゃだん》される現象のことをいう。それはちょうど、利用者の閲覧履歴《えつらんりれき》や検索履歴などが、自分の見たい情報のみを選別するフィルター（濾過装置《ろかそうち》）のような役割を果たし、そのフィルターによって形成されたバブル（泡）のなかに利用者自身が閉じ込められるようなものだ。

そして、こうしたエコーチェンバーやフィルターバブルの類いが生じるのは、インターネット空間だけには限られない。学校や職場などでも、ずっと一緒《いっしょ》にいて濃いコミュニケーションを続ければ続けるほど、同じ情報をまわし合い、価値観を共有し合い、ハイコンテクストな言葉を多用し合うようになる。それはどうしても、「そと」からの遮断と「うち」への引き籠《こ》もりにつながりやすいのである。

†「犬笛を吹《ふ》く」という行為《こうい》

「うち」と「そと」のあいだに壁をつくる——あるいは、その壁を強化する——効果をもちうる言語的コミュニケーションには、業界用語や方言のように、使われる言葉自体の違いが誰《だれ》にとっても明確である場合もあれば、そうでない場合もある。

たとえば、多くのフォロワーを抱《かか》えるインフルエンサー（＝世間の考え方や行動に対して一定の影響力《えいきょう》を有する人物）が、ＳＮＳで「公金の不正流用は許されない」と発言したとしよう。言葉自体は至極《しごく》真っ当な、当たり前のことを言っているように見える。しかし、この人物の言動をふだんからよく見聞きし、その思想に深く共感してきたフォロワーたちは、この言葉が暗黙裡《あんもくり》に含む別の意味合いを聴《き》き取ることがある。たとえば、その人物はとある少数民族に対する差別的な言動を繰り返しており、最近は、その少数民族を支援《しえん》する団体に公金による資金援助がなされていると強く非難していたとする。そうした背景を知っているフォロワーたちは、「公金の不正流用は許されない」という件《くだん》の発言は一般論というよりも、その団体を非難する発言として理解するだろう。そして、その団体を攻撃《こうげき》せよという合図として受け取り、SNS上に繰り返し非難の投稿《とうこう》をおこなうなどして、世論や政治家を動かそうとする行動へと走るかもしれない。

このように、人はときに言葉に対して、表面的な意味合いとは別に、特定の集団にだけ通じる含意《がんい》をもたせることにより、その集団内の人々に特定のメッセージを伝え、操《あやつ》ったりけしかけたりすることができる。それはちょうど、犬のトレーナーが、犬にだけ聞こえる周波数の音を出す笛を使って犬を訓練し、操るようなものだ。それゆえ、この種の言葉の使い方は、しばしば**犬笛を吹《ふ》く**という比喩《ひゆ》で言い表されている。

実際、政治家や有名人などが、意図的であれ意図せざるものであれ、「犬笛を吹く」ことによって特定の集団を扇動《せんどう》する場面は珍《めずら》しいものではない。一見すると、ある不正や犯罪を一般論として非難したり、「平等」や「公正」といった一般的な価値を支持したりしている発言のようでありながら、実際には、彼《かれ》らの支持者にとって特定の意味をもち、特定の行動を促《うなが》すものとして暗に共有される、ということがよくあるのだ。とりわけ、おおっぴらに語れば世間から広い支持を得られないどころか、眉《まゆ》をひそめられたり罪に問われたりするような、差別や私刑《リンチ》などにつながるメッセージほど、犬笛を吹くというかたちで発せられやすい。

†言葉を介《かい》さないコミュニケーションの問題点

それから、生活形式を深く共有している「近い」者同士のコミュニケーションが孕《はら》む問題は、こうした「うち」と「そと」の区別の強化や、「うち」への引き籠もり、排外《はいがい》的・差別的傾向の強化といったものだけではない。

冗長《じょうちょう》な言葉遣《づか》いを排《はい》し、さらには言葉自体を省略していく方向性の極致《きょくち》として、言葉をそもそも用いないコミュニケーションというものも存在する。たとえば、頭や肩《かた》や手の動き、瞬《まばた》きや視線などの身振《みぶ》りによって自分の意思を伝えることも、親しい関係であれば可能だ。この種のコミュニケーションも、効率のよさや素早《すばや》さなどの点で利点があるし、互いの親密さを高める効果もあるだろう。そして、この点だけ見れば、それこそ「言葉なんていらない」という考えが支持されるようにも思える。言葉を介《かい》さないコミュニケーションこそが最も直接的で、正確で、親密なんだ、というふうに。

しかし、発話以外の身振りによるコミュニケーションは、「そと」に対する拒絶《きょぜつ》や攻撃ともなりうるだけでなく、「うち」の内部に別の種類の壁ないしは勾配《こうばい》――人間関係の上下の傾き、対等でない状態――をつくり出したり強化したりすることにも関与《かんよ》しうる。たとえば、マフィアなどの犯罪組織のボスが、うなずきひとつや目配《めくば》せひとつで殺しを手下に指示し、手下が殺しを実行するという、映画でよく見られるシーンを想像してみよう。この種のコミュニケーションが可能なのは、ボスと手下のあいだに一定の親密な関係が存在し、かつ、殺しの指示が下ることがありうるような特定の文脈（コンテクスト）が存在する場合だ。そのような場合には、まさに「目は口ほどにものを言う」。つまり、うなずきや目配せ

などは、発話と同様に、意味をもった記号の出力として機能しうる。

ただ、発話と違うのは、言質《げんち》を取られないということだ。たとえば、ボスが「やつを殺せ」とはっきり言った場合には、その犯罪が後で露見《ろけん》した場合、その発話が証拠《しょうこ》となり、実行犯である手下だけではなくボス自身に対して司法の追及《ついきゅう》が及《およ》ぶだろうし、主犯としてより重い刑事《けいじ》責任が問われるだろう。しかし、うなずきや目配せというハイコンテクストな身振りは、少なくとも明確には「殺せ」と発話していないから、そう発話した場合に比べると言い逃《のが》れしやすいことは確かだ。

そして、だからこそボスは、そのような曖昧な身振りをコミュニケーションの手段として用いるわけだ。うなずきや目配せの意味を実際に決めているのは、明らかにボス自身のほうである。しかし、敢《あ》えてそれを明確には示さない。手下はボスに同・調しなければならない。すなわち、手下はボスの身振りの意味を忖度《そんたく》（推測）し、その忖度に基《もと》づいて自ら行動しなければならない。この仕組みに守られて、ボスは手下の行動の責任を取らないだろう。手下が勝手に勘違《かんちが》いしてやらかしただけだ、と主張するだろう。そうやって、まさにトカゲの尻尾《しっぽ》切りのように、手下だけが罪に問われて刑務所《けいむしょ》に入ることになるだろう。

ここには、コミュニケーションを営む両者のうち、一方だけが身振りの意味を握《にぎ》っているという非対称性《たいしょう》や、他方はその意味や相手の意図を忖度して行動しなければならない——さらに、その忖度に基づく行動の責任も取らなければならない——という非対称性が存在する。曖昧でハイコンテクストな身振りによるコミュニケーションにおいては、**「うち」の内部におけるこうした力の差ないし権力勾配が生じたり強化されたりしやすい**のである。

†曖昧なコミュニケーションが権力勾配を強化する

そしてこの点は、発話に関しても、それが曖昧でハイコンテクストなものであればあるほど当てはまる。たとえば、先述の「犬笛を吹く」政治家やインフルエンサーはしばしば、自身の発言を起点にしてフォロワーたちが差別的言動や犯罪的行動に走ったような場合、「自分はそんなつもりで言ったわけではない。彼らが勝手にそう理解して行動してしまっただけだ」というふうに言い逃れる。そして、そのように梯子《はしご》を外されたフォロワーたちだけが自身の行動の責任を問われる、ということが頻繁《ひんぱん》に起こる。

親密な関係というものは、常に水平的で平等な関係であるわけではない。むしろ、そこには多くの場合、力の差ないし権力勾配が存在する。（その点では、文化圏や生活圏の異なる「遠い」者同士が、お互いが理解可能なシンプルな言葉を用いてコミュニケーションをおこなう場合のほうが、関係性は比較的水平になりやすいと言える。）

そして、その格差は、曖昧でハイコンテクストな身振りや発話によるコミュニケーションに反映されやすいし、また、その種のコミュニケーションによって格差自体が強化されやすい。なぜなら、たとえば「やつを殺せ」という言葉は社会慣習的に明確な意味をもっていて、そこに話し手が好き勝手な意味を暗にもたせるのは難しいのに対して、うなずきや目配せ、あるいは「派手にやってこい」とか「行ってこい」といった曖昧な言葉を用いた発話の場合には、それが容易だからだ。

ある共同体において権力のある者は、曖昧な身振りや発話に暗黙裡に特定の意味を籠《こ》め、権力のない者はその意味を忖度《そんたく》して、権力者の意に沿った行動をしようと努《つと》める。そして、実際にちゃんと意を汲《く》むことができ、責任も自分で背負い込《こ》んで迷惑《めいわく》をかけずにすめば、権力者とより親密になれる――あるいは、その権力者を中心とする共同体により一体化できる――というわけだ。

†ハイコンテクストな言葉ほど、力のある者が主導権を握りやすい

アリスとハンプティ・ダンプティのやりとり（21〜22ページ参照）を思い出してみ

よう。ハンプティ・ダンプティが、「自分の言う「まばゆい」は、「反論の余地なくものの見事にやられてしまった」を意味する」と主張しても、アリスが彼に対して、「「まばゆい」にはそんな意味はない」と反論できたのはなぜだろうか。社会的な慣習からして「まばゆい」という言葉がそんなことを意味するのはまず考えられないから、という理由は、1章1節の時点ですでに指摘《してき》した。それに加えて重要なのは、彼らの関係が水平的であるという点だ。

　もしも、独裁者のような強大な力や権威《けんい》がハンプティ・ダンプティにあったとしたらどうだろうか。アリスは、反論することによって彼の機嫌《きげん》を損《そこ》なうことを恐《おそ》れ、彼の言うことを飲み込むかもしれない。そして、彼とのつきあいにおいては「まばゆい」が「反論の余地なくものの見事にやられてしまった」を意味するということを頭に入れて対応するようになるかもしれない。つまり、きわめて局所的な専門用語として、「まばゆい」という言葉を扱《あつか》うようになるかもしれない。

　相手が圧倒《あっとう》的な力や権威をもっているときには、あきらかにおかしい言語使用であっても、相手に合わせて同調することが、相手に忠誠を誓《ちか》うことにもなりうる。「まばゆい」のような一般的に広く知られた言葉ではなく、専門用語や方言の類い、あるいは曖昧で多義的な言葉であればなおさらだ。すなわち、そうした**ハイコンテ**

クストな言葉がそのつどの状況において何を意味するかや、それをどう使用するかについては、より力や権威のあるほうが主導権を握りやすいということだ。たとえば、その種の言葉の使用に長《た》けたベテランが、業界の新入りや地域の新参者《しんざんもの》に対しておのずとマウントを取り、コミュニケーションにおいて上の立場に立つこと、また、その種の言葉を使わないと仲間に入れない空気を暗に醸《かも》し出すといったことは、ありふれた日常の現象にほかならない。

†言葉の意味や使用をめぐる、意図せざる権力行使

それから、関連するもうひとつ重要なポイントがある。ハンプティ・ダンプティは言葉の慣習的な意味をおそらく意図的にねじ曲げているが、言葉の意味や使用に関して意図せずに権力が行使される場合もあるのだ。

次のような例を考えてみよう。夫が何かと主導権を握りがちな、共働きの夫婦がいるとする。彼らは子どもが生まれた際、「二人で支え合って育児をしよう」と話し合う。しかし、夫にとって「支え合う」というのは、たまには会社の飲み会を断るなどして育児を手伝うことや協力することであって、結局、育児の大半は妻のほうが担《にな》う流れになってしまう。心身ともに疲《つか》れた彼女《かのじょ》は気分転換《てんかん》をしたいと望み、久

しぶりに友達と温泉に泊《と》まりがけで旅行したいから、来月のこの休日は家で子どもを見てほしい、と夫に頼《たの》む。しかし夫のほうは、「それはわがままじゃないか」と反対する。自分も育児を頑張《がんば》っているんだ、母親が小さな子どもを置いて泊まりがけの旅行に出かけるなんて非常識じゃないか、わがままじゃないか、と。日頃《ひごろ》から夫に物事を決められ、育児と仕事に追われて疲弊《ひへい》もしている彼女は、夫の言い分に失望しつつも、力なく引き下がってしまう。そこでは、互いに本当に分かり合うコミュニケーションが成立しているとはとても言えない。むしろ、深刻なコミュニケーション不全が生じていると捉《とら》えるのが自然だろう。

この例において、夫は「支え合う」や「わがまま」といった言葉の意味を、特に意図せず、自然に、自分の理解している意味へと引き寄せて捉えている。そして、そのような不均衡《きんこう》を、妻のほうも仕方なく受け入れている。（さらに、妻はこの不均衡を内面化して、私は至らぬ妻だ、駄目《だめ》な母親だと、自分を責めることすらあるかもしれない。）

家父長制的な男社会の慣習によくなじんだ男性、あるいは、上流階級の暮らしに慣れきった金持ちなど、ずっと力や権威をもち続けてそれを当然と思って疑わない者には、それをもたない者が抱《かか》える問題や苦悩《くのう》は目に入りにくいし、その中身や深刻さなども理解しにくい。そして、それと知らずに自分の好きなように言葉の意味を解釈《かいしゃく》して、相手に押《お》しつけてしまいがちだ。また、相手のほうも、既存《きそん》の慣習や現在の関係性などに異議をとなえることは現実問題として難しく、好むと好まざるとにかかわらず同調してしまいがちだ。家庭や職場、学校などにおける**「親密な関係」の内部では、こうした乗り越《こ》えがたい格差や権力勾配が生まれ、強化されることが往々にしてある**のだ。

この節のまとめ

この節では、生活形式を深く共有している「近い」者同士でハイコンテクストな言葉を用いて交わされる、密度の濃いコミュニケーションの特徴を見てきた。

この種のコミュニケーションには、簡潔な言葉で効率的な意思疎通が図《はか》れる、繊細な意味合いや微妙なニュアンスを伝えることができる、ひとつの言葉に深い意味をもたせた豊かな表現を楽しめる、互いの親密さや仲間意識が高まる、といった数々のメリットを見出《みいだ》すことができる。ただし、これらの特徴はデメリットと裏腹《うらはら》なものだ。

まず、この種のコミュニケーションは閉鎖性を助長しかねない。すなわち、そこで交わされるハイコンテクストな言葉（業界用語、方言など）を十分に扱えない「そと」「よそ」の人々を排除したり、彼らを下に見たりすることにつながる。また、この閉鎖的傾向は、エコーチェンバーやフィルターバブルといった現象によっても強化され、その閉鎖性のなかで犬笛を吹いたりそれに反応したりすることを通して、排外的な行動や差別的な行動につながる場合もある。

　それから、この種のコミュニケーションには、「うち」の内部に権力勾配を生み出したり強化したりする面も見出すことができる。ハイコンテクストな言葉が何を意味するかやそれをどう使用するかについては、より力や権威のあるほうが主導権を握りやすく、立場の弱い者はそれに忖度して従う状況に置かれがちだ。（そしてこの傾向は、うなずきや目配せといった身振りを用いたコミュニケーションではさらにエスカレートしがちだ。）

　そこでは、**「上《じょう》意《い》下《か》達《たつ》」式の一方的な伝達と同調**はできているかもしれないが、そのあり方は、**互いに本当に分かり合うこととは程《ほど》遠い**だろう。一方は自分の使いたいように自然に言葉を使い、他方にマウントを取り、他方を操り、場を支配する。他方は、言葉の制御を相手に明け渡《わた》さざるをえない。すなわち、言いたいことを言えず、表現したいことを表現できず、言葉やその意味を相手にねじ曲げられたり奪《うば》われたりする理《り》不《ふ》尽《じん》な暴力に曝《さら》され、慣らされる。そして、一方はそのことに往々にして気づかない。自分が相手の言葉を奪い、声を奪っていることに気づかない。――「親密な近い関係」において営まれる密度の濃い言語的コミュニケーションは、しばしばこの種のコミュニケーション不全に脅《おびや》かされているのである。

まとめ

◉生活形式を深く共有する、親密で「近い」者同士では

・ハイコンテクスト言葉が多用される（例：業界用語、方言）

・余計な言葉がいらなくなり、言葉自体も省略される（例：「りょ」「り」）

◉「近い」者同士の密度の濃いコミュニケーションのメリット

①話が早い　②繊細で微妙な意味合いを伝えられる

③豊かな表現を楽しめる　④親密さや仲間意識を高められる

◉デメリット

①閉鎖性、排他性を高める

→エコーチェンバー、フィルターバブルなどで強化される

→「犬笛を吹く」行為などにより排外的・差別的な行動にもつながる

②言葉を介さない、または曖昧な言葉によるコミュニケーションでは、力のある側が主導権を握り、権力勾配が強化されがちになる

4章

言葉の役割を捉《とら》え直す

私たちは言葉を探し、
それを並べたり、並べ直したり、
さらに別の言葉を探したりしながら、
自分の思いや考えなどを形にしていく。
あるいはむしろ、そうした思いや考え自体が、
言葉にすることにおいて形成されていく。

ここまで、さまざまなコミュニケーションにおいて
言葉がバリアとなるケースを確認《かくにん》してきた。
しかし、同時に
「言葉なんていらない」とはとても言えない、
ということもわかってきた。

4章では、そもそも私たちは
「言葉にする（発話する）」ことでいったい何をしているのか、
そして言葉が、私たちの物事の見方や考え方に
どのように影響《えいきょう》しているのか、捉《とら》え直してみよう。

1 ここまでの結論と、ここからの課題

完璧《かんぺき》な媒介物《メディア》など存在しない

本書で問うてきたのは、〈言葉は私とあなたをつなぐ媒介物《メディア》なのか、それとも、制《せい》御《ぎょ》困難な障壁《バリア》なのか〉、そして、〈もしも障壁《バリア》であるのなら、言葉なんていらないのではないか〉ということだ。ここまで確認《かくにん》してきた事柄《ことがら》から、これらの問いに対する一定の答えを導き出すことができたように思われる。すなわち、〈言葉なんていらない〉とはとても言えない、ということだ。

うなずき、目配《めくば》せ、笑顔、握手《あくしゅ》、ハグ、等々——こうした身振《みぶ》りの意味は言葉以上に曖昧《あいまい》であり、相手に伝わらない場合もあれば、相手に忖度《そんたく》や従属を強《し》いる場合もある。コミュニケーションにとって障壁となりうるという点では、言葉と別に違《ちが》いはない。

だとすれば、導き出される結論は凡庸《ぼんよう》きわまりないものだ。身振りと同様に、言葉は媒介物ともなり、障壁ともなる。言葉以外のものに頼《たよ》れば完璧《かんぺき》な表現やコミュ

ニケーションが実現するわけではない。そんな**魔法《まほう》のような完全な媒介物などどこにも存在しない**。したがって重要なのは、そのような幻《まぼろし》の理想を追い求めるのではなく、言葉であれ何であれ、どうすれば世界をよりよく表現できるのか、相手とよりよく意思疎通《そつう》できるのか、その具体的な道筋を考えることにほかならない。

†なぜ「言葉なんていらない」と思ってしまうのか

むしろ、ここでこう問い直すべきだろう。そもそもなぜ私たちは、〈言葉を介《かい》さないコミュニケーションこそが最も直接的で、正確で、親密である〉という考えにときに引き寄せられてしまうのだろうか、と。

本書の冒頭《ぼうとう》のエピソードを振《ふ》り返ってみよう。ウイスキーがコミュニケーションの媒介物になることは、確かにある。そしてこの場合、伝えたいものや共有したいものが当のウイスキー（の存在、風味など）そのものなのだから、これ以上ないほど直接的だ。それゆえ、同じウイスキーを二人で一緒《いっしょ》に飲むことは、何よりもシンプルで、正確で、親密なコミュニケーションになりうる。

しかし、常にそうなるわけではない。むしろそれは、まれにしか訪《おとず》れないような

幸運な瞬間《しゅんかん》だ。くつろげる状況《じょうきょう》下で、親しく水平的な関係の相手——しかも、お酒の趣味《しゅみ》が合う相手——とともにでなければ、そのような瞬間はまず実現しない。逆に、一方が他方に気を遣《つか》ったり忖度したりして、差し出されたウイスキーを仕方なく口にし、作り物の笑顔やうなずきを相手に返して取りつくろっている、ということも間々《まま》あるだろう。

　私たちはまれに、言葉を介さずに他者と百パーセント分かり合えた（あるいは、少なくとも自分ではそう思っている）陶酔《とうすい》的な瞬間を経験する。そして、同様のうっとりするような瞬間をまた味わうことを夢見る。そして、その願望は、言葉に対する失望へと跳《は》ね返ることになる。つまり、そもそも言葉というものは理想的なコミュニケーションにとって邪魔《じゃま》なものだ、という具合に一般《いっぱん》化してしまうのだ。

　コミュニケーションに限らず、私たちはときにそのような混乱した思考に囚《とら》われる。つまり、**たまにしか遭遇《そうぐう》できない理想的な状況を、いつもそうあるべき状況として位置づけてしまう**ということだ。そして、例外的な状況を基準にして、その特《とく》殊《しゅ》な状況においては不要であったものを、どの状況においても不要なものだと一般化して捉《とら》えてしまうのである。そもそも言葉なんていらない、邪魔ものだ、というふうに。

「不完全な模造品《もぞう》」としての言葉観を超《こ》えて

まず必要なのは、こうした混乱した思考に絡《から》めとられないことである。うっとりと酔《よ》ったような例外的状況は、日常の素面《しらふ》の状況があってはじめて可能なものだ。そして、その日常の多くの場面で、私たちは言葉を用いて行為《こうい》しているのである。

加えて、私たちは常に世界の物事を言葉に置き換《か》えて語っているわけでもない。27〜28ページで確認した通り、たとえば「外は雨が降っている」のように、何らかの物事を言い表す（報告する、記録する）ことは、言葉を用いた多種多様な行為のごく一部に過ぎない。言い換えれば、他の無数の行為において、言葉はいかなる物事も言い表していないケースが多いということだ。したがって、〈言葉は物事の不完全な模《も》造《ぞう》品でしかない〉という類《たぐ》いの不信は、言葉の働きに対するごく狭《せま》い見方から生じる偏見《へんけん》に過ぎない。

しかし、それでも……という、納得《なっとく》できない思いが残るかもしれない。「ウイスキー」がウイスキーではなく、「ケーキ」がケーキではないことは確かではないか。「このケーキは美味《おい》しい」という言葉が、このケーキの美味しさを表現するには不十分であり、「このリンゴはすごく深い赤色をしている」という言葉が、このリンゴの微妙《びみょう》な色合いを表現するには不十分であることは、やはり確かなのではないか。世界に存在する実に豊かな風味や色合いや感覚などを表現するには、言葉があまりに解像度が低く、粗雑《そざつ》な代物《しろもの》であることは、否定しようがないではないか。

しかし、このような思いには、言葉の役割に対する見当違《けんとうちが》いな期待と失望がある。

ここからは、言葉の役割とはどのようなものなのか、私たちは言葉をどう捉え、どう向き合うべきなのかについて、あらためて考えていくことにしよう。

まとめ

◉**言葉も身振りも、媒介物《メディア》にもなり障壁《バリア》にもなる**

（完璧なメディアなど存在しない！）

・言葉を介さないコミュニケーションを理想化してしまうのは、まれにしか遭遇できない例外的な状況を基準に考えるから

・「言葉は物事の不完全な模造品」という不信は、「言葉は物事を言い表すもの」という狭い言葉観からの偏見に過ぎない

……では、**言葉の役割とはいったいどのようなものなのか？**

2
発話とは、物事のある面に関心を向けること

†私たちは「発話する」ことで何をしているのか

世界に存在する物事を写し取る模造品《もぞう》――それゆえ、世界のなかには存在しない、影《かげ》のような奇妙《きみょう》な何か――として言葉を捉《とら》えるならば、それに「不完全」とか「粗雑《ざつ》」といったレッテルが貼《は》られるのは当たり前だ。というのも、現実のリンゴは「リンゴ」という音でも「リンゴ」という形のインクの染《し》みでもないからだ。音やインクの染みが、リンゴそのものに成り代われるわけがない。物事を「言葉で言い表す」とか「言葉にする（言語化する）」というのは、そもそも、そうした「本物の不完全な模造品を作成する」ということとは別の営みなのではないだろうか。

ある親子が居間で食卓《しょくたく》を囲んでいる様子を想像してみよう。食事が終わる頃《ころ》に、親が「冷蔵庫にリンゴがあるよ」と言う。子は冷蔵庫を開けて、「おお、真っ赤だ」と言いながらひとつ取り出し、包丁でそのリンゴの皮を剥《む》いて切り分け、食卓に出す。子は一個食べて、「酸《す》っぱい」と言う。親も一個口に入れて、「確かに酸っぱいね。で

も香《かお》りはすごくいい」と言う。

以上のすべての発話を、リンゴの模造品（コピー）を作成しようとしている、というふうに捉えるのは明らかにピントを外している。むしろ、親子はこの一連のやりとりにおいてそのつど、リンゴの**特定の特徴《とくちょう》ないし側面に注意を向け、それを相手と共有しようとしている**。

まず、親が「冷蔵庫にリンゴがあるよ」と言ったときには、リンゴという果物の存在に漠然《ばくぜん》と注意を向けている。また、子が「おお、真っ赤だ」と言っているときには、リンゴの色という側面に焦点《しょうてん》が当てられている。「酸っぱい」と言い合っているときには、リンゴの味という側面に、「香りはすごくいい」と言っているときには、リンゴの香りという側面に、それぞれ関心が向いている。

†コミュニケーションが成立するために必要なこと

このように、しばしば**私たちの発話は、物事に特定の角度から光を当て、そこに浮《う》かび上がる特定の相貌《そうぼう》（＝特徴、側面、表情）を際立《きわだ》たせる、いわばライティングとしての役割を果たしている。**その意味では、**言葉は、発話というライティングのための主要な資源である**――ライトやライトスタンド、電源のような、専門的な設備ないし工具のようなものである――と言える。その他の主要な資源としては、身体の発声器官や手、脳、あるいは、音を伝える空気などがあるが、それらはもちろん、「世界のなかには存在しない影のような奇妙な何か」などではなく、世界の一部にほかならない。そして、言葉も同様に、音やインクの染みなどとして世界のなかに存在するのであって、「世界のなかには存在しない影のような奇妙な何か」などではない。繰《く》り返すなら、言葉は、物事の特定の相貌（＝特徴、側面、表情）に注意や関心を向けるために必要な資源（設備、工具）である。たとえば「このリンゴの味」とか、「このリンゴは甘い」「酸っぱい」「美味《おい》しい」などという言葉があるからこそ、私たちはこれらの言葉を発したり聞いたりすることによって、リンゴの味という側面に――さらに、甘み、酸味、美味しさといった味の諸側面に――光を当て、その側面をめぐって相手とコミュニケーションをおこなうことができるのだ。

　もちろん、リンゴを切り分け、それを無言で相手に渡《わた》して一緒《いっしょ》に食べることによっても、リンゴの味などについて相手とコミュニケーションをおこなうことは可能だ。しかし、お互《たが》いが実際にリンゴのどこに注意や関心を向けているかは不明瞭《めいりょう》だ。相手はもしかしたら、味ではなく香りに、あるいは、歯応えや瑞々《みずみず》しさといったものに関心を向けているかもしれない。世界のなかの物事は、リンゴひとつとっても、実

にさまざまな相貌を含《ふく》みもっている。そして、**コミュニケーションが成立するということの基本的な要件は、お互いの注意や関心が同じ相貌へと向かっていること**にほかならない。リンゴの味（＝リンゴという物の、味というひとつの相貌）をめぐってコミュニケーションをおこなうことができていなければ、リンゴの味についてお互いの見解や評価が一致しないことすらできないのだ。

では、お互いの注意を物事のある特定の相貌に向けたり、その方向がお互いに一《いっ》致《ち》していることを確かめたりするにはどうすればよいか。それは、言葉を使うことなしにはきわめて困難だろう。

†「言葉にできない」こと自体に注意を向ける発話

私たちは言葉を発することによって、物事の特定の相貌に注意を向けたり、その注意を他者と共有したりしている。そしてその注意は、物事の存在やその属性、状態といったものに向けられるだけではない。たとえば、「おはよう」と挨拶《あいさつ》を交わし合うことによって私たちは、お互いの親密さや信頼《しんらい》関係（の維持《いじ》）といったものに関心を向け合っていると言えるだろう。また、「ありがとう」という言葉を相手にかけることによって私たちは、相手が自分にしてくれたことに対して、肯定《こうてい》的な面から光を当てようとしていると言えるだろう。

また、発話を通して向けられる注意や関心は、焦点がくっきりと定まった輪郭《りんかく》の明確なものだとは限らない。先述のように、ある対象の存在に漠然と注意を向けることもあれば（「冷蔵庫にリンゴがあるよ」等々）、誰《だれ》かの名前を思い出せないということに注意を向けることもある（「あの芸能人の名前なんだっけ？」等々）。

それから、私たちは物事の言葉にできないような相貌に注意を向けることもある。たとえば、私が眼前に広がる壮大《そうだい》な夕焼けを見て、「この美しさはとても言葉にできない」と言うときには、赤色とも緋色《ひいろ》とも朱色《しゅいろ》ともオレンジ色とも赤橙色《あかだいだいいろ》ともつかない微妙《びみょう》な色合いと、それに胸打たれている自分の心境に注意を向けている。そして、この色合いを誰かに見せてあげたいなどと思っている。同様に、誰かと一緒にケーキを食べて、「このケーキはなんとも言えない美味しさだ」と言って二人で感動し合っているときには、「甘い」とか「フルーティ」とか「香り高い」といった言葉では片づけられないような絶妙《ぜつみょう》な味わいそのものに関心が向いている。つまりこうした場合、「言葉にできない」とか「なんとも言えない」とか「えも言われぬ」といった発話は、物事の特定の相貌（色合い、味、香り、等々）の微妙さや絶妙さといったものにとりわけ重大な関心を寄せる行為となっているのである。

確かに、「美しい」という言葉では夕焼けの美しさは語りえないし、「赤い」という言葉ではリンゴの微妙な色合いそのものを言い尽《つ》くせない。このケーキの美味しさはとても言葉にはできないし、この痛みはまさに筆舌《ひつぜつ》に尽くしがたい。しかしそれは、言葉の限界などではない。なぜなら、**そもそも言葉の役割とは、物事の複製となることではない**からだ。「美しい」という言葉も「赤い」という言葉も、それから、「語りえない」とか「筆舌に尽くしがたい」といった言葉も、**物事の特定の相貌に、特定の仕方で注意や関心を向ける際に必要とされる資源**なのである。

†言葉なしには立ち現れない相貌

さらに言えば、物事には**そもそも言葉なしには立ち現れない相貌**というものも存在する。言い換《か》えれば、言葉なしには得られない着眼《ちゃくがん》点や発想といったものが存在する。もちろん、たとえば言葉をもたない動物も、夕焼けに染まった空を見て、さっきまでの空の色と違《ちが》うことに驚《おどろ》くことがあるかもしれない。そして、その場合その動物は、夕焼けの色という相貌に関心を向けていると言えるかもしれない。しかし、たとえば〈せつない風景〉という夕焼けの相貌に関心を向けることはできないだろう。というのも、「せつない」という感覚を捉《とら》え、また、風景にせつなさを見て取るためには、この言葉が担《にな》っている深い意味合い、すなわち、「寂《さび》しい」「悲しい」「心が苦しい」「胸が締《し》めつけられるようだ」といった意味が重なり合う微妙なニュアンスを理解している必要があるからだ。

同様のことは、人の性格や味覚など、他の無数の物事の相貌についても当てはまる。たとえば、「つれない」という言葉を知らずに、誰かの性格や態度が「つれない」ものとして見えてくることはないだろう。また、「歯がゆい」とか「いずい」といった言葉を知らなければ、ある状況《じょうきょう》が「歯がゆい」という相貌や「いずい」という相貌の下《もと》に立ち現れてくることはないだろう。あるいはまた、「嫉妬《しっと》」とか「軽蔑《けいべつ》」とか「郷愁《きょうしゅう》」といった言葉を知らなければ、あるときの自分や他者の心中を「嫉妬」や「軽蔑」や「郷愁」という相貌の下に捉えて向き合うことはできないだろう。

†先行世代から受け継《つ》いだ「資源」としての言葉

3章1節（60〜61ページ）で確認したポイントを思い出そう。人がある時代にある地域に生まれ落ちて、そこの言語を学ぶというのは、何をどのような言葉で表現するかを学ぶことであり、そしてそれは、成長して伝統へと入っていくことでもある。

たとえば日本に生まれ落ちた子どもは、ここが「外」であり、これが「雨」であることを学び、さらには、これが「にわか雨」だったり「霧雨《きりさめ》」だったり「五月雨《さみだれ》」だったりすることを学ぶ。あれが「つれない」しぐさだとか「歯がゆい」態度だとか、「嫉妬」に燃えているとか「軽蔑」されているなどと語ることを学び、また、そのような発話の意味を理解することを学ぶ。それは言い換えれば、**ときに言葉なしには立ち現れえないような物事の相貌を捉え、その相貌に関心を向けることを学ぶ**、ということなのである。

　それはちょうど、工具の使い方を学ぶようなものだ。なぜなら、親や教師をはじめとする人々からその用途《ようと》を学び、技術を磨《みが》いて、ちゃんと使いこなせるようになることで、物事の特定の相貌に目が開かれるという意味では、言葉も工具も同じだからだ。たとえば、強風で庭の木が折れて倒《たお》れたとしよう。木を加工する工具の意味や使い方を何も知らなければ、それはたんなる倒木でしかない。だが、家や学校などで鋸《のこぎり》や鑿《のみ》、彫刻刀《ちょうこくとう》の使い方を学んで十分な技術を身につけている場合には、その倒木を、自分で木彫《きぼ》りの作品や木製の食器などをつくるための木材として見ることも可能になる。この倒木を使ってどんなものを作ることができるだろうか、という種類の関心をもつことができるのである。

†物事の見方や考え方は言語によって「ある程度」変わる

子どもが生まれ、親や教師などに育てられ、個々の生活圏《けん》や文化圏の伝統へと入っていくなかで学ぶ言葉は、鋸《のこぎり》や鑿《のみ》などの工具と同様に物事の見方を――つまり、物事をどのような相貌の下で捉えるかを――特定の仕方で方向づけている。

たとえば、フランス語では蝶《ちょう》と蛾《が》を「papillon（パピヨン）」というひとつの言葉で表す。フランスの百科事典や標本展示などでも、蝶と蛾を特に区別せずに混ぜて並べていることがある。他方、日本ではまさに「蝶」と「蛾」という別々の言葉を用いて、この区別を重視している。

また逆に、日本語では牛を指す単語は「牛」しかないが、フランス語では、雄牛《おうし》は「taureau（トーロー）」、雌牛《めうし》は「vache（ヴァッシュ）」、仔牛《こうし》は「veau（ヴォー）」というふうに別々の短い単語が存在するし、英語ではもっとその種類が多い。

さらに、同じ地域でも時代によってこうした違いは生じうる。たとえば、江戸《えど》時代の日本において「茶」は、現代の日本では「緑」や「オレンジ」と呼んで区別するような色彩《しきさい》も指していた。

アメリカの人類学者・言語学者エドワード・サピア（1884～1939）によれば、

個々の言語は個々の社会集団において長年受け継《つ》がれた社会的慣習の賜物《たまもの》であり、歴史的な文化遺産であって、それゆえ、社会集団ごとに相当異なる特性をもっている。そして、**物事に対する人の見方や考え方自体が言語によって大きく左右される**と主張し、次のように続けている。

……言語というものは、伝達や内省といった特定の諸問題を解決するための単なる偶然《ぐうぜん》の手段に過ぎないと考えることは、まったくの誤解である。つまり「現実世界」は特定集団の言語習慣の上に相当な程度まで無意識的に構築されているのである。（『言語・文化・パーソナリティ』、平林幹郎《ひらばやしみきお》［訳］、北星堂書店、1983年、159頁《ページ》）

ここでサピアの言う「相当な程度まで」というのが実際のところどの程度までのことを指すのかについては、さまざまな考え方がありうるだろう。文字通り、言語によって現実世界のあり方が構築されていると考えるならば、言語が違えば色の見え方自体も違う、といったことになるだろうが、ここではそこまで過激には考えず、もう少し穏当《おんとう》に捉えておこう。たとえば、江戸時代の日本人は、いまの日本人が「緑」や「オレンジ」と呼ぶ色の区別自体ができなかった、とまで考える必要はない。

ただ少なくとも、彼《かれ》らがいまよりも特定の色彩に関して比較《ひかく》的おおまかなカテゴリー分けをおこなっていたことは確かだ。

同様に、日本人は欧米《おうべい》人と違って雄牛と雌牛と仔牛の区別がつかない、というわけではない。そうではなく、「taureau」や「vache」や「veau」というふうにまったく別の単語を必要とするほどには、牛の牧畜《ぼくちく》や乳製品、牛食といったものが生活のなかに根を張っていなかったのだろう。言い換えれば、日本人の生活形式は歴史的に、牛の牧畜や乳製品などがおそらく欧米人ほど重要な位置を占《し》めないものだったということだ。

†個々の言語の特殊《とくしゅ》性と、その影響《えいきょう》

ただ、いずれにしても、先のサピアの指摘《してき》は重要な真理を衝《つ》いている。つまり、個々の言語は、他者に何かを伝達したり自分のなかで振《ふ》り返ったりするために用いられる単なる手段なのではなく、その内容自体をかたちづくる役割も果たしているのである。

そしてそれは、日本語文化圏《けん》に生まれ育つ子どもは「papillon」ではなく「蝶」や「蛾」について伝えたり考えたりすることを学ぶ、といったことだけではない。たとえば、その子どもは成長の過程で、夕焼けの風景が「せつない」ことや、誰かの恋愛《れんあい》が「せつない」ことなどを学ぶだろう。しかし、この「せつない」という言葉をフランス語やドイツ語や英語などに翻訳《ほんやく》しようとしても、少なくとも一語でぴったり対応するような言葉を見出《みいだ》すのは困難だ。同じことは、「つれない」や「いずい」等々の言葉についても言える。

肝心《かんじん》なのは次の点だ。日本語であれフランス語等々であれ、個々の言語が息づく生活形式を身につけ、その文化へと入っていくなかで、**人は物事の見方や考え方それ自体に関して相当程度、その習得した言語に含まれる言葉の影響《えいきょう》を受けるようになる**。たとえば、何かを「せつない」ものという相貌の下で見ることができるのは、この言葉が生活の流れのなかでどう用いられるかを十分に理解している者だけなのである。

†私たちの物事の見方や考え方はどこまで自由なのか

サピアの言う通り、言葉というものは、何らかの内容（物事のあり方、考え、感情、等々）を他者に伝達したり自分のなかで振り返ったりするためのたんなる手段ではない。私たちは、ときに他の言語には翻訳できない言葉も用いて発話をおこなうことにおいて、物事の特定の相貌に関心を向ける。そして、その相貌について考えたり、他者に伝えたり、話し合ったりする。たとえば、「それはせつないよね」というふうに。これは言い換えれば、**言葉は、伝達したり内省したりする内容そのものの生成に深く関与《かんよ》している**ということだ。

私たちの物事の見方や考え方は、歴史的な文化遺産としての言語によって――そして、それに反映されている伝統的な見方や考え方によって――否応《いやおう》なく一定の影響を受けている。だとすれば、私たちはそれらからどこまで自由なのだろうか。つまり、私たちはどこまで、物事を自由に捉えたり考えたりできるのだろうか。

まとめ

◉**私たちは「発話」することで、物事の特定の相貌（＝特徴、側面、表情）に注意を向けている**

★「発話とはライティング」

・そもそも言葉なしには認識できず、立ち現れない相貌もある

◉**言葉を習得するとは「伝統へと入っていく」こと**

・母語の習得を通して、その文化における物事の見方を身につける

・言葉は「伝達」や「内省」の手段であるだけでなく、伝達する内容や内省する内容自体をかたちづくる役割も果たしている

3 言葉を探し、選ぶことで、自分の思いが見つかる

前節のおさらい

コミュニケーションが成立していることの基本的な要件は、そもそも何について話し合っているか（あるいは、相手が何を見つめているか、何に関心があるか）について一致《いっち》しているということだ。すなわち、お互《たが》いの注意や関心が物事の同じ相貌《そうぼう》に向かっているということだ。そして、発話とは、物事の特定の相貌に対して関心を向ける行為《こうい》の一種であり、言葉はそのための資源（設備、工具）だと言える。

さらに、物事にはそもそも言葉なしには立ち現れない相貌というものも存在する。だとすれば、私たちの物事の見方や考え方は相当程度、各自が習得した言語の語彙《ごい》の影響《えいきょう》を受けており、それゆえ、言葉は私たちがものを考えたり意思疎通《そつう》したりする内容そのものの生成に深く関与《かんよ》していることになる。

そうであるならば、私たちはどこまで伝統的な見方や考え方に支配されているのだろうか。言い換《か》えれば、私たちはどこまで自由なのか。――これが、前節の最後

に浮《う》かび上がってきた問いである。本節ではこれについて考えることにしよう。

†言葉の使用に関して主体性を失い、責任を放棄《ほうき》するとき

実際、先に取り上げた「せつない」や「きれい」といった言葉も、あるいは、日本語や他の自然言語を構成する他の無数の言葉も、それぞれが一定の歴史を有しており、そのなかで独自の意味を獲得《かくとく》している。1章1節でもすでに指摘《してき》した通り、**言葉の意味の大枠《おおわく》は社会的な慣習によって規定されており、自分では好きに選べない**。つまり、自分の自由になるものではない。

そして、ひとつの共同体のなかで他の人々とかかわりながら生きていくためには、意識的にせよ無意識的にせよ、そこで息づいて流通している言葉を数多く習得しなければならない。それは同時に、それぞれの言葉が慣習的に何を意味するか――あるいは、どのような意味の範囲《はんい》ないし限界があるか――を理解し、受け入れるということでもある。

そしてこのことは、日本やアメリカやインド等々で生活するというマクロなレベルにも、また、それよりミクロなレベルにも当てはまる。たとえば、ある地域に住む、ある会社に所属する、ある学校の部活に入る、ある友達のグループに加わる、と

いったことだ。そこで日常的に用いられている方言や用語を一切使わずに過ごすのは困難だろう。

逆に、そうした言葉を習得して、適切に使用できるようになれば、そこに融《と》け込《こ》みやすくなるし、密度の濃《こ》いコミュニケーションもおこないやすくなる。また、そうした言葉は多種多様なコンテクスト（文脈）を横断して用いられることが多いから、いったん使い方を覚えてしまえば汎用性が高く、その点でとても便利だ。たとえば北海道や東北地方などでは、窮屈《きゅうくつ》なときも、しっくりこないときも、収まりが悪いときも、歯がゆいときも、違和《いわ》感があるときも、落ち着かないときも、居心地《いごこち》が悪いときも、「いずい」という一言で済む（70ページ参照）。

こうしたさまざまな利点や必要があるからこそ、新参者はしばしば、そうした方言や業界用語を使わないといけないという無言の圧力を感じるわけだし、その種の言葉の使用に長《た》けたベテランからマウントをとられ、実際に言葉遣《づか》いをからかわれたり「矯正《きょうせい》」されたりもする（83～84ページ参照）。しかしそのように、ある共同体において言葉の使用の主導権を握《にぎ》る者たち――力や権威《けんい》のある者たち――にどこまでも従属し、その上下関係を完全に受け入れてしまうと、自分の発する言葉に責任をもつということは困難になる。というのも、他人が用いる言葉をただ反復するだけでは、自分の自由な意志でこの言葉を選んで発話しているという意味での**主体性を失う**ことになるし、**そうした主体性に伴《ともな》う責任も放棄《ほうき》する**ことになるからだ。

†伝統を受け継《つ》ぐことにまつわる注意点

そして、問題はそのような力の差や権力勾配《こうばい》の存在（3章2節参照）、そして、それを受け入れることによる主体性の喪失《そうしつ》や責任の放棄だけには留《とど》まらない。

前節で確認《かくにん》したポイントを繰《く》り返すなら、私たちは（日本語やフランス語等々であれ、あるいは方言や業界用語などであれ）個別の言語を学んでその文化へと入っていくことで、物事の見方や考え方それ自体に関してある程度、その習得した言語の言葉の影響を受けるようになる。これはつまり、**特定の言語を習得することは、特定の文化の伝統にある程度染まることを含《ふく》む**、ということだ。

言うまでもなく、伝統を受け継《つ》ぐことはきわめて大事だが、注意すべき点もある。まず本節で着目したいのは、**表現や思考の平板化《へいばん》**という問題である。ここからしばらくはこの問題について集中的に考えていくことにしよう。（なお、個々の言語に反映された伝統を受け継ぐことには、時代錯誤《さくご》な価値観や倫理《りんり》的に問題のある価値観を内面化しかねない、という問題もある。これについては章をあらためて、次の5章2節で検討する。）

いつも「すごい」で片づけることの何が問題なのか

特定の言語を習得することには、当然のことながら、「せつない」「つれない」「いずい」等々のハイコンテクストな言葉（69ページ参照）を数多く習得することが含まれる。そして、先ほど確認《かくにん》した通り、ハイコンテクストな言葉は、いったん使い方を覚えてしまえば汎用性《はんよう》が高い。コンテクスト（文脈）に応じて多様な意味をもちうるということは、多様なコンテクストを横断して幅広《はばひろ》く使えるということだからだ。

しかし、この特徴は、**言葉の濫用《らんよう》**へと人を誘《さそ》うものでもある。この場面では本当はもっと違《ちが》う言葉で表現したり、意味合いの異なる言葉で伝えたりできたはずなのに、とりあえずなんでもこの言葉を使って済ます、という傾向をつくりやすいのだ。

たとえば、評判の映画を何本か観《み》て、そのどれにも感動を覚えたとする。感動の中身は映画によってそれぞれどこか違うはずなのに、感想を表現したり伝えたりする際には、どの映画に関しても「すごかった」と言って済ますことができる。「すごい」という言葉の意味はとても曖昧《あいまい》であり、映像が美しいことも、音楽が壮大《そうだい》であることも、衣装《いしょう》が豪華《ごうか》であることも、脚本《きゃくほん》がよく練られていることも、オチが秀逸《しゅういつ》であることも、俳優の演技が上手であること等々も、すべて意味しうるからだ。

しかし、そのように個々の映画の「すごさ」の中身を明確にする努力を一切せずに、いつもなんとなく「すごい」と言って片づける、というのであれば問題だ。なぜなら、自分がこの映画のどういった要素に感動したのか、どこがどう「すごかった」のかを**表現する言葉を探し、選び取ることは、ものを考えるという営みの重要な部分を占《し》める**からだ。逆に言えば、そうした言葉の探索《たんさく》や選択《せんたく》という営みを放棄して、なんでも「すごい」といった汎用性の高い言葉でやり過ごしてしまうのは、まさに思考停止に陥《おちい》っているということにほかならない。そこでは、たんに言語表現が平板化・単純化しているだけではなく、同時に、**思考自体が平板で単純なものになってしまっている**のである。（これと同様のことは、嫌《いや》なものをなんでもなんとなく「きもい」と言って済ます、といった場合にも当てはまるだろう。）

言葉と精神の分かちがたい関係

18世紀から19世紀にかけて活躍《かつやく》したドイツの言語学者・政治家ヴィルヘルム・フォン・フンボルト（1767～1835）は、前節で取り上げたサピアと同様に、「**言語をたんなる意思疎通《そつう》の手段とみなすのは、言語についてのもっともみぢかだが、もっとも偏狭《へんきょう》な見かたである**」（『双数《そうすう》について』村岡晋一《むらおかしんいち》［訳］、新書館、2006年、27頁《ページ》）と指摘《してき》している。

そのうえで、フンボルトはこう主張している。「精神と言語との二者は、相前後《あいぜんご》して歩んだり、相互《そうご》に分離《ぶんり》しているものではなく、二者は全く同体であり、かつ、人間の持つ知的能力の同一の行動なのであって、あくまでも分離し得ない」（『言語と精神』亀山健吉《かめやまけんきち》［訳］、法政大学出版局、1984年、66頁）。つまり、言葉はそれを語る人の精神や世界観と不可分だということである。

精神と言葉がどこまで切りはなせないものなのか、また、私たちの物事の見方や考え方が言語によってどこまで深く影響を受けるのか、それは明確ではない。ただ、少なくともはっきりと言えるのは、**私たちは多くのケースで言葉を用いて考えている**ということであり、**言葉なしに考えることはしばしば困難**だということである。

† 「伝達」と「形成」――言葉の働きの二側面

この点について、オーストリアの作家カール・クラウス（1874〜1936）が興味深い指摘をしている。クラウスによれば、言葉に対する人々の見方には、伝達するものとしての言葉にその価値を置こうとする試みと、形成するものとしての言葉にその価値を置こうとする試み、その二種類があるというのだ（『言葉』武田昌一《たけだしょういち》・佐《さ》藤康彦《とうやすひこ》・木下康光《きのしたやすみつ》［訳］、法政大学出版局、1993年、712頁）。

前者の「**伝達するものとしての言葉**」とは、意思疎通や情報伝達の手段としての言葉の側面であり、これは言葉に対する最も一般《いっぱん》的で身近な捉《とら》え方だが、言葉のこの側面だけ見ようとするのはあまりに偏狭である――フンボルトやサピアと同様に、クラウスもそう主張する。

他方、後者の「**形成するものとしての言葉**」というのは、まさに、コミュニケーションの相手に伝達する内容そのもの――意思や情報などそれ自体――を形成する働きとしての言葉の側面である。私たちは言葉を探し、それを並べたり、並べ直したり、さらに別の言葉を探したりしながら、自分の思いや考えなどを形にしていく。あるいはむしろ、そうした思いや考え自体が、言葉にすることにおいて形成されていく。フンボルトの言うように、精神と言葉（言語）はどちらが先行しているとは言いがたいが、いずれにしても、私たちは実際に多くの場合、**言葉を探し選び取る作業を通じてはじめて、自分の思いや考え自体を見出《みいだ》す**のである。

たとえば、私たちは誰《だれ》かに話したり相談したり、あるいは文章を書いたりすることによってはじめて、自分がどう思っているかやどう考えているかに気づくことがある。また、他人が言ったことを聞いたり、他人が書いたことを読んだりすることによってはじめて、「そうか、自分が感じていたモヤモヤした違和《いわ》感の正体はこれ

だったのか！」とか、「自分が考えていたことを見事に言語化してくれた！」などと膝《ひざ》を打つことがある。重要なのは、そうやって言葉が形成される以前に、自分の思いや考えが本当に明確な輪郭《りんかく》をもって形成されていたかどうかは判然としない、ということだ。つまり、〈まずは思いや考えがそれとして存在し、次に、それに言葉を当てはめる〉というような明確な順序があるわけではないのだ。

精神と言葉はしばしば、車の両輪のように、分かちがたい一体のものとして働いている。それゆえ、言葉の役割とは、自分の思いや考えなどを誰かに伝達するためのたんなる手段なのではない。クラウスの言う通り、言葉はそうした「伝達」という役割と同時に、「(伝達すべきもの自体の)形成」という役割も担《にな》っているのである。

†なぜ「すごい」「きもい」で済ませてしまうのか

それゆえ、言葉を探し選び取る努力を放棄すること——たとえば、なんでもなんとなく「すごい」とか「きもい」などと言って済ませること——は、思考という精神の働きを止め、思考の内容自体を平板で単純なものにしてしまいかねない。

そうした汎用性の高い言葉の濫用《らんよう》が起こりがちなのは、たんに**言葉を探したり選んだりする作業が面倒《めんどう》だ**ということもあるだろうが、それだけではないだろう。むしろ、自分が属する共同体において、周りの人々がそうした言葉をよく使っているから、**周りから浮かずに融け込めるように、自然と周りに合わせた言葉遣いに流れている**、という面も大きいはずだ。ただ、いずれにしても繰り返し強調すべきなのは、言葉を吟味《ぎんみ》するという機会を欠いた発話は、表現や思考の平板化ないし単純化をもたらしかねないということ、また、自分の自由な意志で言葉を選んで発話するという主体性を失うことにもなりかねない、ということである。

†言葉を探し、ぴったりな一語を選び取るまで

だとすれば、私たちに必要なのは、言葉を吟味する営み、言葉を探して選び取る営みを手放さないということだ。しかし、それは具体的には何をすることなのだろ

うか。

たとえば、私がある人から、共通の友人の性格をどう思うか尋《たず》ねられたとしよう。はじめに私の念頭に浮かんだ言葉は「ひ弱《よわ》」だったが、どうもしっくりこない。私は別の似た言葉を探す。すると、「繊細《せんさい》」という言葉が思い浮かぶ。これもしっくりこないので、さらに、「上品」「温厚《おんこう》」「思いやりがある」「親切」といった言葉へと次々に連想を広げていく。そして、「やさしい」という言葉に思い至って、この言葉がぴったりだと満足する。そして、「やさしいやつだね」と口に出す。

この、言葉を探して選び取る一連の実践《じっせん》において私は、友人の性格についてさまざまな角度からライトを当て直し、どのように照らし出すのが最もよいかを吟味して、「やさしい」という相貌の下《もと》に捉えるのが正確だと判断している。また、この過程は同時に、「やさしい」という**多義語が具体的にどんな意味を含んでいるのかを再発見するプロセス**だったとも言える。つまり、「やさしい」には「ひ弱」という側面も「繊細」という側面も、それから「上品」や「親切」等々の側面もあるが、そのどれとも言い切りがたい独特のニュアンスがある、ということの再発見である。

多面的な立体としての多義語

実際、多義語は**複数の側面からなる多面体**として理解することができる。本書でこれまで取り上げた多義語を振《ふ》り返っても、たとえば「せつない」という言葉は、「寂《さび》しい」「悲しい」「心が苦しい」「胸が締《し》めつけられるようだ」といった側面から成り立っている。「せつない」を「寂しい」に置き換《か》えることはできるが、「せつない＝寂しい」というわけではない。「せつない」には「悲しい」や「心が苦しい」などの別のニュアンスも含まれているのだ。

したがって、「せつない」とは要は「寂しい」ということだ、というふうに平板化・単純化して捉えても、この言葉の意味を十分に理解したことにはならない。「せつない」は「寂しい」ことでも「悲しい」ことでも「心が苦しい」こと等々でもあるが、その**どれとも言いがたいという点を理解することが、この複雑な多義語を理解するということ**なのである。

言葉を立体的に理解するプロセスのいくつかのかたち

このように、言葉を探し、類似した言葉を比較《ひかく》しながらしっくりくる言葉を選び取るプロセスは、多義的な言葉をあらためて立体的（多面体的）に理解するプロセスとして解釈《かいしゃく》できる。

そして、この種の理解のプロセスが立ち現れるのは、こうした言葉の選択《せんたく》のケースだけではない。すでに発した言葉について、誰《だれ》かからその意味を問われるケースを考えてみよう。たとえば、共通の友人の性格について訊《き》かれて、私は特に言葉を探すことなく、すぐになんとなく「やさしいやつだね」と言ったとしよう。それに対して相手は、「いまの「やさしい」ってどういう意味?」と尋ねる。そこで私は、自分が発した言葉の意味を振り返り、「繊細」という意味かな、でもちょっと違うかな、「親切」という意味かな、それもちょっと違うかな、などと考える。そして、こういうふうに相手に答えるかもしれない。「まあ、「繊細」という意味だよ。でも、たんにか弱いとか神経質だということじゃなくて、温厚だし、親切だということも言いたかった。そういう意味で「やさしい」んだよ」。——こうしたかたちで**言葉の意味を訊かれて答えるというケース**においても、多義語の立体的（多面体的）なあり方があらためてたどり直されていると言えるだろう。

さらに、同様の立体的な理解のプロセスは、**未知の多義語をはじめて学ぶケース**に関しても見出すことができる。たとえば、先に取り上げた「いずい」という言葉をまだ知らないとここでは仮定しよう。その場合には、この言葉が「窮屈《きゅうくつ》」「しっくりこない」「収まりが悪い」「歯がゆい」「違和感がある」「落ち着かない」「居心地《いごこち》が悪い」といった言葉に置き換えられるのを知ることによって、「いずい」という言葉の独特の意味合いを理解することができるだろう。つまり、これらの言葉を並べて見渡《みわた》すことによって、そのような多様な側面から成り立っている多面体として、「いずい」という言葉を理解できるということだ。ただし、こうした仕方で多義語の意味を学ぶためには、いま挙げた「しっくりこない」とか「歯がゆい」等々の言葉についてはすでに知っている必要がある。

いずれにせよ、肝心《かんじん》なのは次の点である。「いずい」や「やさしい」のように、それだけ見れば曖昧な言葉――ハイコンテクストな多義語――も、それが具体的にどんな言葉たちに置き換えられるかという、多義的な構造の中身をたどって見渡すことによって、その言葉の固有の輪郭をつかむことができるのである。

言葉を立体的に理解できるということの大事さ

もっとも、こうした多義語の理解ないし再理解のプロセスを、日常生活のなかで四六時中おこなうわけにはいかない。言葉はしばしば口をついて自然に出てくるものだし、また、よどみなく素早《すばや》く受け答えしなければならない場面や、疲《つか》れていて、いちいち言葉を吟味している余裕《よゆう》がない場面なども多いだろう。
ただ、表現や思考の平板化を避《さ》けるためにも、また、自分の自由な意志で言葉を選んで発話するという主体性を失わないためにも、そうした流れに完全に身を任せるのはまずい。必要なのは、自分が日常で頻繁《ひんぱん》に用いているハイコンテクストな言葉について、**その多義的な構造の中身をたどって展望する**という作業を、折に触《ふ》れてしておくことだ。また、ハイコンテクストな言葉を多用するにしても、いざとなれば**別のより解像度の高い言葉に置き換えて、意味をより具体的に説明できる**、ということが肝心だ。

このことは、「やさしい」や「いずい」といった、使用される文脈がある程度限られる多義語だけではなく、それこそ「すごい」や「やばい」のような極端《きょくたん》に汎用性の高い言葉――あまりに多様な文脈で用いられるので、多義語とすら呼べないような言葉――についても当てはまる。たとえば、自分が観た映画について、「すごかった！」という感想が口をついて出てきたとしよう。この言葉が、特に感動もしなかったけれど感想を訊かれたから適当に便利な言葉で返した、というのでなければ、そこには相応の具体的な意味が見出せるはずだ。たとえば、映像が美しいだけでなく、音楽も壮大で、脚本もよく練られていて、俳優の演技も上手で、というふうに、総合的に完成度が高いという意味で「すごかった」のかもしれない。あるいは、映像という特定の面に関して、たんに美しいだけではなく、見たこともないほど斬新《ざんしん》だった、という意味で「すごかった」のかもしれない。あるいはまた、たんに脚本がよく練られていただけではなく、あっと驚《おどろ》くようなどんでん返しがあって予想もつかなかった、という意味で「すごかった」のかもしれないし、俳優の演技がたんに上手であるだけではなく、引き込《こ》まれるような迫力《はくりょく》があった、という意味で「すごかった」のかもしれない。

ともあれ、もしも「いまの「すごかった」ってどういう意味？」と訊かれたとして、「まあ、「面白かった」ってことだよ」などという同程度の解像度の低い答えしか結局出てこないとするなら、元の「すごかった！」という感想はその程度の平板な意味しかもっていなかった、ということになる。逆に、たとえ「すごかった！」と最初に発話した段階では自分の思いをはっきりとは把握《はあく》していなかったとしても、そこから、「映像が斬新だった」とか「演技に引き込まれた」等々のより具体的で解像度の高い言葉を探し、選び取るという実践ができれば、自分の思いをより明確なかたちで見出すことができる。この可能性があるかどうかが肝心なのである。

まとめ

◉共同体の言葉を習得し、伝統を受け継ぐことの要注意点①

・発話の「主体性の喪失」と「責任の放棄」

・表現や思考の平板化

◉言葉を探し、選び取ることは、「考える」営みの重要な部分

・なんでも「すごい」で済ませるとき、表現だけでなく思考自体が単純で平板になっている　★言葉と精神はしばしば切りはなせない

・言葉の働きの二側面……「伝達」と、伝達する内容自体の「形成」

★思いや考えなどそれ自体が、言葉にすることで形成されていく面がある

◉多義語とは、複数の側面からなる多面体

・「多義的な言葉を立体的に理解する」プロセスの例

①類似した言葉を比較しながら、しっくりくる言葉を選び取る

②自分の発した言葉の意味を訊かれて、答える

③未知の多義語を、知っている多様な言葉に置き換えて学ぶ

こうしたプロセスを実践できるということが肝心！

5章

「言葉のあいだ」を行き来する

「一つの外国語を学ぶのは
一つの新しい世界を発見したことになる」
——正宗白鳥《まさむねはくちょう》「語学修業」

前章では、発話の役割を捉《とら》え直し、また、
言葉と精神の分かちがたい結びつきを確認した。
そして、私たちの表現と思考を平板《へいばん》にしないためには、
多義性をもつ言葉を「多面体」として捉え、
立体的に理解するプロセスが
特に大切であることを発見した。

5章では、そのような言葉の理解には
ひとつの言語を深く学ぶこと、
また、複数の言語のあいだを行き来すること、
さらに、時代につれての言葉の移り変わりを見渡《みわた》すことが
有効だということを、ひとつひとつ確かめていこう。

1 ひとつの言語を深く学ぶ

†前章の後半のおさらい

前章の後半では、言葉の多義的な構造の中身をたどって展望するという、言葉を立体的（多面体的）に理解するプロセスが、いくつかのケースにおいて本質的な役割を果たすということを確かめた。たとえば、似た言葉を比べながらしっくりくる言葉を探すケースや、すでに知っている言葉への置き換《か》えを通して未知の言葉を学ぶケースなどだ。

そして、言葉を用いる際にいつもこのプロセスを経由する必要はないとしても、たとえば自分が発した言葉の意味を問われた場合にはこのプロセスを実践《じっせん》できる・・・ということが、表現や思考の平板化《へいばんか》を避《さ》けるためにも、また、自分の自由な意志で言葉を選んで発話するという主体性を失わないためにも、肝心《かんじん》なポイントであることを確認《かくにん》した。

†母語の言葉を多義語として理解するために

では、このプロセスをいつでも実践できる状態にしておくためには、どうすればよいのだろうか。さしあたり必要なのは、「すごい」や「やばい」など、汎用性《はんよう》が高くて使いやすい言葉ばかりをただ漫然《まんぜん》と使い続けるのではなく、**母語を構成する多種多様な言葉を深く学ぶ**ことだ。というのも、それなりの数の言葉を知って使いこなすことができなければ――その意味で、一定の語彙力がなければ――互《たが》いに関連性のある言葉同士を比較《ひかく》し、どちらの言葉がしっくりくるか迷い、どちらかの言葉を選ぶ、という実践は不可能だからだ。

多義語には、それが含《ふく》む複数の意味同士に関連性ないし類似性が存在する。その点が同音異義語（同形異義語）との決定的な違《ちが》いだ。たとえば、「はし（箸）」と「はし（橋）」と「はし（端）」は、同じ発音をもつ言葉だが、意味にまったく関連性がないから、これらは同音異義語ということになる。つまり、「箸」と「橋」と「端」という意味から成る多義語として「はし」という言葉が成り立つことはない。そのような多面体は存在しえないのである。

他方、たとえば34ページで取り上げた「きれい」という言葉は、「美しい」「清らかだ」「清潔だ」「さっぱりしている」「整っている」といった言葉に置き換えられるが、これらの言葉には互いに関連性ないし類似性を見て取ることができる。だからこそ、これらの言葉は互いに結びつき、一個の多面体を構成しうるのだ。すなわち、「美しい」「清らかだ」「清潔だ」「さっぱりしている」「整っている」といった意味を含む多義語として、「きれい」という言葉が成り立つのである。

そして、私たちがそうした多義語として「きれい」という言葉を理解するためには、まさに「美しい」「清らかだ」「清潔だ」「さっぱりしている」「整っている」といった言葉を知り、これらの言葉同士の関連性を理解できる必要がある。同様に、「やさしい」という言葉を多義語として理解するためには、「繊細《せんさい》」「上品」「温厚《おんこう》」「親切」といった言葉と、それら同士の関連性を知っている必要がある。

それゆえ、たとえば日本語が母語なのであれば、まずは日本語を深く学ぶことが欠かせない。言葉を多く知れば、それだけ多くの多義語を自分のものにできる。未知の多義語を学ぶときにも、その多様な用法をひとつひとつ実地で身につけるよりも、はるかに簡単にその意味をつかむことができる。たとえば「いずい」という言葉の場合、「しっくりこない」「収まりが悪い」「歯がゆい」「落ち着かない」といった言葉をすでに知っていれば、これらの言葉をたどり、全体を見渡《みわた》すことによって、「いずい」という言葉のおおよそのニュアンスを捉《とら》えることができるのである。

†よく似た言葉を数多く知らなければ、それらのあいだで迷うこともできない

日本語であれ、英語や中国語等々であれ、その土地土地で長く息づいてきた自然言語には、互いに深く関連している言葉や似通《にかよ》っている言葉が、おのずと数多く存在することになる。目的をもって人工的につくられた国際共通語（たとえばエスペラントなど）のようなシンプルでスリムな言語を目指す際には無駄《むだ》にも思えるこの特徴《とくちょう》こそ、個々の自然言語の豊かさを物語るものでもあるのだ。

きわめて複雑に交錯《こうさく》する語彙《ごい》の蓄積《ちくせき》があるがゆえに、私たちは、関連し合う言葉同士を比較し、複数の似通った言葉のあいだで迷い、自分の意志でひとつの言葉を選択《せんたく》することができる。**よく似た言葉のあいだでなければ、迷うことも決めることもできない**のだ。その意味で、自然言語の語彙の途方《とほう》もない複雑さこそ、私たちにとって祝福すべき重要な財産——まさしく、文化遺産——なのだと言える。

私たちはときに、主体性を失い、何に対しても同じ言葉をなんとなく周囲と同じように発しがちになる。しかしそれは、表現が単純で貧しいものになるというだけではなく、同時に物事の見方や考え方自体も平板なものになってしまうことを意味する。そうした状況《じょうきょう》を避けるためには、まずもって、自然言語に蓄《たくわ》えられた豊富な語彙のネットワークという重要な資源が必要なのである。

これは逆に言えば、自然言語の言葉を深く学ばない——その資源を自分の頭のなかにちゃんと蓄えない——というのは、コスパやタイパがよいどころか、失うものが非常に大きいということでもある。**互いに関連性や類似性のある言葉を数多く知っていなければ、自分の頭のなかでそうした言葉同士を結びつけて多面体を構成するということができない。**すなわち、多義語を多義語として、立体的に理解することができない。言葉に関する豊富な知識が頭のなかにあらかじめ入っていなければ、すでに知っている言葉のネットワークのなかに未知の言葉を取り込《こ》むこともできない。言語的な知識を自分以外の誰《だれ》かに頼《たよ》ったり、あるいは生成AIに外部化したりすることの問題は、まさにここにもあるのだ。

†「言葉に囚《とら》われている不自由」の本当の姿

それから、自然言語の多様な言葉を深く学ぶことの重要性は、前章の102〜103ページで確認したポイントにも直結している。すなわち、**物事の相貌《そうぼう》（＝特徴、側面、表情）には言葉なしには立ち現れえないものも存在する**、というポイントだ。

たとえば、自分のいまの心境や他者への感情に注意を向ける際、「むかつく」「いらつく」「きもい」といった、それ自体としては曖昧《あいまい》な言葉だけを、しかも平板な仕

方でしか用いることができないのであれば、**自分の心について、その分だけ漠然《ばくぜん》とした相貌しか見出《みいだ》せない**ことになる。なんかむかつく、なんかいらつく、あいつはなんかきもい、といった具合だ。こうした解像度の低い曖昧な認識では、自分の心がいまそうしたネガティブな状態にある原因も対策も具体的に見えてこないし、他者についても、大雑把《おおざっぱ》にただ否定的に捉えることしかできないだろう。

他方で、「嫉妬《しっと》」「焼きもち」「うらみ」「憧《あこが》れ」「羨望《せんぼう》」「哀《あわ》れみ」「憐憫《れんびん》」「軽蔑《けいべつ》」「憤《いきどお》り」「焦《あせ》り」「憂鬱《ゆううつ》」等々の言葉を知っていれば、認識の解像度がもっと高くなり、自分の心にちゃんと向き合って、原因や対策を考えたりすることができるかもしれない。また、相手をもっとよく見て、全面的に否定するのとは異なる別の捉え方ができるようになるかもしれない。

自分の心であれ、他者との人間関係であれ、生活のなかで直面する他の事柄《ことがら》であれ、こんがらがった問題を解決するには、それをさまざまな角度から見渡して検討できるということが肝心だ。それはちょうど、もつれた糸をほどくことに似ている。よく見ずにどこかの糸を性急に引っ張ってしまっては、ほどくことなどできないし、状況はむしろ悪化してしまう。大事なのは、さまざまな角度から絡《から》まり方をよく見て、じっくり、じんわりと全体を解きほぐしていくことだ。そして、問題をそのように多面的に眺《なが》め、より深く細《こま》やかに捉えて、柔軟《じゅうなん》に考えるためには、さまざまな言葉を十分に身につけることが本質的な助けになるのである。

限られた平板な言葉でしか世界を捉えることができないということこそ、言葉への囚《とら》われ、言葉による不自由と呼ぶにふさわしい。そして、その硬直《こうちょく》した状態から脱出《だっしゅつ》し、世界を多面的に、より深く細やかに捉えて、新しい着眼《ちゃくがん》点や発想を得たり、物事を柔軟に考えたりすることは、「言葉なんていらない」というふうに言葉自体を捨てるのではなく、むしろ、より多くの言葉をもっと自分にたぐり寄せること、より多くの言葉になじむことによって果たされうるのだ。

そして、それはなにも、凝《こ》った言葉や珍《めずら》しい言葉を頭のなかにたくさん蓄えないといけない、ということではない。前章（114、124〜125ページ）で扱《あつか》った、映画に対する「すごかった！」という漠然とした感想を言い換える例を思い出そう。「映像が美しかった」「音楽が壮大《そうだい》だった」「脚本《きゃくほん》がよく練られていた」「俳優の演技が上手だった」等々、「すごかった」という言葉の解像度はさまざまな角度から高めることが可能だ。しかし、そもそもそうやって自分の感想を多面的に分析《ぶんせき》できるためには、まさにいま挙げたような、「映像」「音楽」「美しい」「壮大」等々の、互いに関連した語彙をある程度知っている必要がある、ということなのである。

まとめ

◉**母語を構成する多種多様な言葉を学ぶことは、なぜ大切なのか？**

・多義語のもつ複数の意味を見渡し、言葉を立体的に理解できる
・よく似た言葉のあいだで迷い、そのなかのひとつを選ぶことができる
・言葉の知識が豊かになると、未知の言葉を取り込むことも容易になる
・物事を多面的に見て、多角的に考えることができる

→自己、他者、世界について、より多様な相貌を見出し、より深く細やかに捉え、新しい着眼点や発想を得たり柔軟に考えたりすることができる

2 複数の言語に触《ふ》れる

†母語に反映されている伝統は、必ずしもよいものばかりではない

ただし、母語の多種多様な語彙《ごい》を深く学ぶということは、ここまで挙げてきたような積極的な側面だけではなく、注意すべき側面ももちうる。それが、**時代錯誤《さくご》な価値観や倫理《りんり》的に問題のある価値観を内面化しかねない**という、伝統を受け継《つ》ぐことにまつわるさらなる注意点である。

ある言葉になじみ、理解できるようになると、私たちは物事を、その言葉が照らし出す特定の相貌《そうぼう》の下《もと》で捉《とら》えることができるようになる。つまり、物事に対する特定の見方を獲得《かくとく》する。そして、その見方は、その言葉が根を張ってきた生活圏《けん》や文化圏において培《つちか》われ、共有されてきたものだ。その意味で、母語を習得することは・・・・・・伝統へと入っていくということを含《ふく》むのである（60〜61ページ参照）。

問題は、物事の伝統的な見方には、現在から見ると悪《あ》しき価値観を示すものであったり、あるいは、偏狭《へんきょう》であったり差別的であったりするものが少なからずあるとい

うことだ。それゆえ、**母語になじんで自分のものにすることは、そうした偏狭な見方や差別的な見方を受け入れて内面化することを伴《ともな》いうる。**

たとえば、日本語にはかつて、特定の地域や職業の人々のことを差別的に捉える言葉がいくつもあって、生活のなかで平然と使われていた。また、夫婦のうち男性のほうを「主人」「旦那《だんな》」「亭主《ていしゅ》」と呼び、女性のほうを「家内」「嫁《よめ》」「女房《にょうぼう》」「奥《おく》さん」と呼ぶことも、ごく一般《いっぱん》的だった。こうした呼び名は現在でもよく用いられているが、読んで字のごとく、男性優位の家制度や家父長制的な価値観を多かれ少なかれ反映している。つまり、女性は結婚《けっこん》すると相手の男性の「家」に入ってその姓《せい》を名乗り、「家長」である夫に従属すべき、とされる社会のあり方や価値観である。(ちなみに、「女房」はかつては朝廷《ちょうてい》に仕える女官を意味した。また、「奥さん」は、かつて公家《くげ》や大名など身分ある人の妻の居所が屋敷《やしき》の奥のほうであったため、「奥《おく》方《がた》」「奥様」と呼ばれていたことに由来する。)

そうした言葉や、それらが関連し合ってできているネットワークになじんで積極的に多用することは、**旧態依然《きゅうたいいぜん》とした社会のあり方や価値観を保存したり再生産したりすることに、多少なりとも手を貸すことになりかねない**。また、そうした価値観に自分自身が自然に染まってしまうことにもなりかねない。

共同体の言語になじむこと、そこに潜《ひそ》む罠《わな》

時代錯誤な価値観や倫理にもとる価値観の内面化は、母語の習得だけではなく、もっとミクロな、学校や職場といった共同体の「言語」（あるいは方言、業界用語など）に関しても当てはまる。

一例を挙げよう。２０００年代後半、ある和菓子《わがし》メーカーが長年にわたり、売れ残って回収した商品の一部を廃棄《はいき》せずに、新しい包装紙に包み直し、製造年月日を偽《いつわ》って販売《はんばい》していたことが発覚した。また、のみならず、回収した商品の餡《あん》の部分と餅《もち》の部分を分けて再利用する不正や、製造後すぐに冷凍《れいとう》保存した商品に翌日以降の製造年月日をあらかじめ押印《おういん》しておく不正なども常態化しており、これらのことが次々に明るみに出ると、世間で大きな騒動《そうどう》になった。

このメーカーでは、少なくとも30年以上前からこうした不正が日常的におこなわれており、たとえば回収した商品の餅の部分と餡の部分を分ける作業は、工場内で「むき餡」や「むき餅」と呼ばれていた。また、商品を新しい包装紙に包む作業は「巻き直し」、虚偽《きょぎ》の製造年月日をあらかじめ押印しておく作業は「先付け」と呼ばれていたらしい。

「むき餡」、「むき餅」、「巻き直し」、「先付け」――共同体内でこうした非常にこな

れた言葉が生まれて流通するという状況《じょうきょう》は、一朝一夕《いっちょういっせき》に出来上がるものではない。このメーカーの内部に、こうした言葉を必要とする根深い土壌《どじょう》があったこと、こうした言葉がよく機能する文化が形成されていたことがうかがえる。

　問題は、その文化は外部から見れば倫理や法にもとる異常なものだった、ということである。しかし、たとえば若い頃《ころ》に新入社員としてこのメーカーに入り、その企業《きぎょう》文化に次第に染まっていき、「むき餡」「むき餅」「巻き直し」「先付け」といった洗練された専門用語を日々浴び続け、自分も自然に使いこなすようになっていくとしよう。そうなるにつれて、当初はもっていたかもしれない違和《いわ》感や罪悪感が薄《うす》れていくことは想像に難《かた》くない。

　本書でたびたび引用している一節を再度挙げるなら、「言葉は生活の流れのなかではじめて意味をもつ」。個々の言葉の意味をよく理解し、使いこなせるようになるというのは、それらの言葉が息づく生活の流れ——生活形式——をよく理解し、そこになじむ、染まるということを含む。しかし、**その生活形式は必ずしも倫理的によいものとは限らない**のである。

†「よそ」の人と言葉を交《か》わすなかで、自分自身の物事の見方に気づく

だとすれば、重要なのは、あるひとつの共同体の言語を深く学ぶだけではなく、**（広い意味で）複数の言語のあいだを行き来する**ことだと言えるだろう。

たとえば、ひとつの企業の文化ないし生活形式だけに完全に染まり切ってしまえば、そこで支配的な物事の見方や価値観と多少なりとも距離《きょり》をとって、その是非《ぜひ》を考えることはできない。他の企業や業種の人々と交流するなどして、自分がなじんでいる企業文化を相対化できる視点ももたなければ、最悪の場合、罪悪感をもつことなく差別や犯罪などに加担してしまうことすらありうるのだ。

同じことは、学校や部活といった別のミクロなレベル、また、地域や国家といったマクロなレベルにも言える。自分の属するグループの内部では当たり前に見えることが、その外部から見れば厳しく非難されるべき光景である、ということは十分にありうる。そして、そのような**物事の見方のずれは、しばしば、そのグループの外部の人間と言葉を交《か》わすなかで表面化し、自覚される**。なぜなら、前章2節で確かめたように、発話というものは基本的に、物事の特定の相貌に注意を向けることであり、特に、誰《だれ》か他者に向けて発話することは、その関心を相手と共有しようとすることだからだ。それゆえ、言葉がうまく通じずコミュニケーションが成立しな

いという事態が生じることによって、同じ相貌が見えていない、注意や関心が一致《いっち》していない、ということに気づくことがありうるのだ。

たとえば、先述の和菓子メーカーが不正を繰《く》り返していた当時、そこの社員が別のメーカーの人間に対して、得意げに次のように語ったとしてみよう。「うちではいま「巻き直し」や「先付け」といった工程によってコストカットや合理化を図《はか》っていますね」。――当然、この発話だけを聞いても、相手には意味が通じない。意思疎通《そつう》を図るためには、外部の人間にも意味が分かるように「巻き直し」や「先付け」といった言葉をいわば「翻訳《ほんやく》」する必要がある。たとえば、「「巻き直し」とは、「売れ残って回収した商品の一部を廃棄せずに、新たな包装紙に包んで製造年月日を偽装《ぎそう》すること」です」とか、「「先付け」とは、「製造後すぐに冷凍保存した商品に、翌日以降の製造年月日をあらかじめ押印して偽装すること」です」というふうに、言葉を置き換《か》える必要があるのだ。

そして、このように外部の相手にも意味が分かる言葉に置き換え（＝翻訳し）、見えている相貌を共有できれば、その過程で、自分の物事の見方の特殊《とくしゅ》性やおかしさに気づく可能性がある。つまり、それまでは〈コストを下げる合理的な工程〉という相貌の下でしか見えていなかった物事が、〈顧客《こきゃく》をあざむく不正行為《こうい》〉という相貌の下で見えてくるかもしれない。

†翻訳を通して気づけること、一致できること

あるいは、次のような例も考えてみよう。日本で生まれ育った男性が、日本語を学び始めた英語ネイティブの既婚《きこん》女性と話しているとする。一緒《いっしょ》に観《み》た時代劇ドラマに話が及《およ》び、男性が、「奉公人《ほうこうにん》をいじめるあの主人が、実に憎《にく》らしかったですね」と言い、女性のほうも笑ってうなずく。それからしばらくして男性が、「そういえば、ご主人は元気ですか?」と尋《たず》ねる。しかし、女性は怪訝《けげん》な顔をして、「私には主人はいません」と答える。つまり、彼女は、日本語の「主人」が「master（雇《やと》い主《ぬし》、奴隷《どれい》などの持ち主）」や「head（首領、リーダー）」、「lord（権力者、領主）」という意味をもっていることは知っていたが、「husband（男性の配偶《はいぐう》者、夫）」や「male partner（男性パートナー）」といった意味ももつことは知らなかったのだ。

コミュニケーションに齟齬《そご》が生じたことに気づいた男性は、あらためて、いまの「主人」は「husband」ないし「male partner」という意味なんだと説明する。そうすると女性は、なぜ「主人」という日本語には、「master」や「head」といった意味と、「husband」ないし「male partner」といった意味の両方があるのか、と疑問

に思うだろう。

このもっともな疑問に十分に答えるためには、後者の意味の「主人」が男性優位の家父長制的な社会のあり方に由来するものであり、日本では伝統的に、夫が家長として生計を担《にな》ったり家族を保護したりする一方で、家族を支配して従属させる権《けん》威《い》を有していたことなどを説明する必要があるだろう。そして、「主人」を「master of a house」や「head of a family」、あるいは「patriarch（族長、家長）」といった英語に翻訳する必要もあるかもしれない。

こうした置き換えの過程で男性は、夫を「主人」と名指すことの問題にはじめて気づくということがありうる。そして、日本や他の地域にいまも見られる家父長制的な価値観について、その女性と話し合うことなどもできるだろう。そこで彼女《かのじょ》と**意見が一致するとは限らない。しかし少なくとも、注意や関心を一致させることはできる**のである。

あるいはむしろ、注意や関心が一致することそれ自体を、コミュニケーション上の大きな達成として捉えるべきだろう。相手と意見が一致することが常に重要であるわけではない。むしろ、何かについて相手と議論できるくらいに、その何かについてともに語り合うことができている、ということ自体がまずもって重要だ。その時点で、私たちは非常に多くの見方や知識などを共有できているのである。

†「一つの外国語を学ぶのは一つの新しい世界を発見したことになる」

以上、見てきたように、母語と母語以外の自然言語であれ、あるいは、ひとつの組織内の言語とその外部の言語であれ、広い意味での言語に複数触《ふ》れて相互《そうご》的な翻訳（置き換え）を試みることは、とても重要な実践《じっせん》だと言える。なぜなら、そうした翻訳の試みは、自分が長く属している共同体の伝統をすべて無批判に内面化しないように、そこから一定の距離をとる役割を果たしうるからだ。

そして、このことは、犯罪や差別などの悪質な行為に加担するのを防ぐことにつながるだけではない。たとえば、ある学校の部活で「指導」と呼ばれている行為が、別の学校では「強要」とか「パワハラ」などと呼ばれているかもしれない。ある企業の内部では「エンゲージメント」という言葉（69ページ参照）が「従業員や顧客と企業とのあいだの相互的な信頼《しんらい》関係」を指すものとして流通しているが、別の企業の内部では「愛社精神」を指すものとして流通していたり、また別の企業の内部では漠然《ばくぜん》と「仕事への熱意」を指すものとして流通していたり、ということもあるだろう。いずれにせよ、ひとつの共同体の内部にのみ閉じ籠《こ》もっていては、そこに行き渡《わた》っている物事の見方の特殊性や問題に気づくことは難しい。だからこそ、母語をはじめとして自分がよくなじんだ言語を別の言語へ、あるいは逆に、別の言語を自分のなじみの言語へ、というふうに翻訳を試みることが大事になる。その試みによって、たとえ実際には複数の地域に同時に住んだり、複数の企業や学校などに同時に所属したりすることができないとしても、自分がなじんだ物事の見方を相対化する手がかりが得られるからだ。

作家の正宗白鳥《まさむねはくちょう》（1879〜1962）は、東京専門学校（現在の早稲田《わせだ》大学）で英語の勉強に打ち込《こ》んだ日々を振《ふ》り返りつつ、「**一つの外国語を学ぶのは一つの新しい世界を発見したことになる**」（「語学修業」青空文庫所収）と述べている。また、先述のフンボルトも、同様のポイントを端的《たんてき》にこう指摘《してき》している。「ある外国語を習得することとは、ほんとうはこれまでの世界観においてひとつの新しい立場を獲得することであるはずである」（『双数《そうすう》について』村岡晋一《しんいち》［訳］、新書館、2006年、164〜165頁《ページ》）。

そして、そのようにひとつの新しい世界観を獲得するということは、翻《ひるがえ》って、自分のこれまでの世界の見方を相対化することでもある。それは、必ずしもこれまでの世界観を捨て去ることではなく、より多面的に、豊かに世界を捉えることにつながるだろう。

†他者や生成ＡＩに外国語の理解を委《ゆだ》ねることの問題

外国語（および、他の組織や地域の言語・方言など）を学ぶことの重要性を以上のように捉えるならば、外国語の理解を自分以外の誰かや生成ＡＩに頼《たよ》り切ることの問題も、再び明確なかたちで浮《う》かび上がってくるだろう。

他者や生成ＡＩによって母語に翻訳された後の文章を読んでも、物事の別の見方には気づきにくい。「新しい世界を発見する」には、やはり自分で外国語の言葉を母語に（また、母語の言葉を外国語に）翻訳しようと試みることが何より効果的だ。たとえば、フランス語の「esprit（エスプリ）」やポルトガル語の「saudade（サウダージ）」といった言葉を日本語に翻訳しようと試み、さまざまな訳語を吟《ぎん》味《み》し、そうやって翻訳の難しさを自分で具体的に体験することを通じて、「esprit」や「saudade」といった言葉に反映されている物事の見方や世界観をはじめて十分に理解することができる。（たとえば「esprit」は、「精神」「思考」「知性」「才気」「機知」等々の言葉のあいだで、また、「saudade」は、「郷愁《きょうしゅう》」「憧憬《しょうけい》」「思慕《しぼ》」「せつなさ」等々の言葉のあいだで、翻訳に悩《なや》むことになるだろう。）

また逆に、たとえば「せつない」や「やさしい」という言葉をフランス語やポルトガル語や英語などに翻訳しようと苦心することを通じて、これらの言葉に反映されている物事の見方や世界観を再発見することもできるだろう。

現在では、高機能の生成ＡＩを用いれば、デンマーク語であれウルドゥー語であれ、無数の外国語の言葉が母語に瞬時《しゅんじ》に翻訳される。確かにとても便利だ。しかしそれは、生成ＡＩに言葉の理解を委《ゆだ》ねて、画面上に吐《は》き出された母語の言葉だけを読んでいるに過ぎない。**外国語の言葉を自分で理解したわけではない**のだ。これでは、訳文が正しいかどうかを自分自身では判断できないというだけではなく、物事の新しい見方に目を開く可能性からも遠ざかってしまうのである。

まとめ

◉**共同体の言葉を習得し、伝統を受け継ぐことの要注意点②**

・偏狭で差別的な見方や、倫理にもとる生活形式を内面化しかねない

◉**複数の言語を行き来することの重要性**

・異なる言語を用いる人と言葉を交わすなかで、自分の見方の特殊性や問題点に気づける

・他の言語を学ぶことは、物事の新しい見方の獲得につながる

・生成ＡＩによる翻訳は便利だが、自分で理解することにはならない

↓新しい見方を発見するには、自分で翻訳を試みることが効果的！

3 言葉は移り変わるもの

†言語は「生ける文化遺産」

この章ではここまで、ひとつの言語の多種多様な語彙《ごい》を深く学ぶことと、複数の言語のあいだを行き来して翻訳《ほんやく》を試みること、その双方《そうほう》の重要性を確認した。また、終盤《しゅうばん》では、自分になじみのない言語の理解を他者や生成ＡＩなどに完全に委《ゆだ》ねてしまうことの問題にも触《ふ》れた。

この節ではまず、言語というものに備わるもうひとつの本質的な特徴《とくちょう》を検討したい。それは、**時代とともに移り変わる**という特徴である。つまり言語は、完成して歩みを止めた文化遺産なのではなく、生ける文化遺産なのである。

その変化は、ときに緩《ゆる》やかで、ときに急流のように速い。後者の例をひとつ挙げてみよう。あるお店の50代の店長が、アルバイトの10代の学生とＬＩＮＥでやりとりをしているとする。最後に店長が「ありがとう。」という言葉を発信して、それでやりとりが終わる。店長は素直に御礼《おれい》を述べただけだったのだが、その学生は、店長は怒《おこ》っているのではないか、気分を害してしまったのではないか、と不安になる。というのも、主に若い世代はＬＩＮＥなどのＳＮＳ上のコミュニケーションにおいて、こうした応答や確認の意を示す文の末尾《まつび》に「。」（句点）を付けることはあまりなく、「！」「!?」「笑」「ｗ」など、そのときの自分のテンションを表すような記号を付けるのがふつうだからだ。したがって、「わかりました。」とか「はい。」といったふうに、末尾が「。」で終わる言葉を受け取ると、テンションが低いとか、冷たい、怖《こわ》い、威圧《いあつ》感があるといった印象を覚えることがある。

この傾向《けいこう》は今後より一般《いっぱん》化するかもしれないし、また変化するかもしれないが、ともあれ、句点ひとつですら、それが帯びる意味合いが世代や時代によって変わりうることは確かだ。また、「主人」「旦那《だんな》」「家内」「嫁《よめ》」など、配偶《はいぐう》者の呼び名のもつ意味合いや適切性が変化していることも、前節で見た通りである。それから、そのように既存《きそん》の言葉や記号の意味が変化するだけではなく、カタカナ語をはじめとして、新しい言葉が次々に生まれて流通しているという現状もある。こうした、めまぐるしい種々の変化もまた、言葉の制御できなさという、本書でずっと問題にしてきた事柄《ことがら》の一側面だと言えるだろう。では、私たちはこれにどう向き合えばよいのだろうか。

†「すごい」「やばい」「えぐい」の意味の移り変わり

前章の114〜115ページで、きわめて汎用《はんよう》性の高い言葉として「すごい」を取り上げた。実際、この言葉は、言葉を探し選び取る努力を放棄《ほうき》して、なんでもなんとなく「すごい」と言って済ませることができる便利な言葉であり、それゆえ、表現や思考の平板化《へいばん》をもたらしかねない言葉でもある。

ただ、この言葉は元々、遅《おそ》くとも平安時代から、「ぞっとするほど恐《おそ》ろしい」「戦慄《せんりつ》を感じる」「気味が悪い」「背筋が寒くなるほど荒涼《こうりょう》としている」といった意味で主に用いられていた。そこから次第に、「ぞっとするほど素晴《すば》らしい」「恐ろしいほど優《すぐ》れている」「気味が悪いほど美しい」といった肯定《こうてい》的な意味合いも帯びるようになり、近代以降はさらに、単純に程度が甚《はなは》だしいさまを言い表すようにもなっていった、という歴史がある（『日本国語大辞典』第二版、『大辞林』第四版など）。

同様のことは、序章以来何度か取り上げている「やばい」という言葉にも当てはまる。32ページで触《ふ》れたように、この言葉は元々、「危険や不都合が予測される」とか「危ない」といった否定的な意味合いで用いられてきたが、現代では、「のめり込《こ》みそうだ」とか「はまりそうだ」といった肯定的な意味合いで用いられるようにもなった。さらにいまは、「すごい」の代わりに程度の甚だしいさまを言い表すケースも多い。

さらに、同様の場面でいま全国的によく使われるようになったのが、「えぐい」という言葉だ。とても美味《おい》しい料理に対して、「これはえぐい！」と言ったり、野球選手の目の覚めるような投球について、「えぐいカーブ！」と表現したりするケースが増えている。

『日本国語大辞典』第二版によれば、「えぐい」という言葉は元々、「あくが強くてのどをいらいらと刺激《しげき》するような味や感じがしている。えごい。えがらっぽい。いがらっぽい」「気が強い」「思いやりがない。冷酷《れいこく》だ。嫌味《いやみ》だ」といった意味で用いられてきた。また、同書では「えぐい」の語源として、「ヱグルような味であるという形容から」「ヱリクルシ（穿苦）の義」「ヱクルシ（餌苦）の略」といった説が紹介《しょうかい》されている。さらに、『日本方言大辞典』では、特に関西以西の方言として、「残酷だ。薄情《はくじょう》だ。しんらつだ。ひどい」「悪賢《わるがしこ》い。腹黒い。意地悪だ」「程度が甚だしい。大変だ」等々の多様な用法が紹介されている。こうした、基本的にネガティブな意味を担《にな》いつつ、地域によっては程度の甚だしさを意味することもあった「えぐい」という言葉が、近年では全国的に、ポジティブな文脈にも幅広《はばひろ》く転用され始めたということだろう。

†「すごい」「やばい」「えぐい」の奥行《おくゆ》き

いま、「すごい」、「やばい」、「えぐい」という言葉について見てきたが、特に近年の「えぐい」の肯定的な用法には次のような背景があると想像できる。

まず、ネガティブな意味をもった「すごい」の転用である肯定的な「すごい」が世間で広範《こうはん》に使われるようになり、次第に、当初の新鮮《しんせん》さないし刺激――つまり「ぞっとするほど素晴らしい」とか「恐ろしいほど優れている」といった意味合い――が薄《うす》れ、たんに程度の甚だしい感じだけを喚起《かんき》しがちになっていった。

そうなると、同様にネガティブな意味をもったより強い刺激のある言葉が求められるようになり、やがて、「やばい」という言葉が肯定的な文脈に転用されるようになった。しかし、この新しい用法も次第に一般化し、国語辞典にも「のめり込みそう」といった意味が載《の》るほどになると、やはり当初の新鮮さないし刺激が失われてしまい、「やばい」以外の言葉が求められることになった。その結果として生まれ、いま広まりつつあるのが、「えぐい」の新しい用法というわけだ。

おそらくはこうした経緯《けいい》のある言葉であるだけに、「すごい」や「やばい」と同様に「えぐい」もいま、多様な言葉で表現できるはずの事柄を十把《じっぱ》一絡《ひとから》げにあつかって平板化させる常套《じょうとう》句として、しばしば濫用《らんよう》されている。ただ、常にそうであるとは限らない。たとえば、「えぐいカーブ」と言うときには、こちらが引いてしまうほどよく曲がるといったニュアンスを帯びていたり、あるいは、相手からすれば打ちようがない無慈悲な投球、残酷な一球、といった意味をもつこともあるだろう。そのような場合には、「えぐい」が主に関西以西で元々もっていた意味や、「えぐるような」という語源的な意味が、この新しい用法にも響《ひび》いていると考えられるのだ。

意味の移り変わりを見渡《みわた》すと、言葉の個性が見えてくる

いま確認した点から、言葉の意味の移り変わりにどう向き合うべきかという問題に関して、ひとつのヒントを見出《みいだ》すことができるだろう。

完全な無の状態から突如《とつじょ》として新しい言葉が生まれることはまずない。むしろ、既存の言葉が従来の意味をベースに比喩《ひゆ》的な意味をもちはじめ、それが一般化するというケースが多いだろう。たとえば「えぐる」から、「えぐるようにのどをいらいらと刺激する味だ」などの比喩的な意味が派生する、といったケースだ。

また、世間によくなじんだ言葉がこれまでとは別の文脈で、別の物事に対して用いられることで意味が変化する、というケースも多いだろう。たとえば、ネガティブな意味をもった「えぐい」が、美味しい料理や素晴らしい投球などに対して用い

られることで、最上級の褒《ほ》め言葉にもなる、といったケースだ。

こうした意味の変化を、現在から過去へと逆にたどり直すことで、肯定的な意味の「えぐい」にもそれ独特のニュアンスや奥行きを見出すことができる。たとえば、「えぐいカーブ」という場合の「えぐい」は、たんに素晴らしい投球というだけではなく、冷酷さや無慈悲《じひ》さ、意地悪さといった意味合いを帯びたものとして捉《とら》えうる。また、「やばいカーブ」は、危険さや危《あや》うさといったニュアンスを含《ふく》んだ仕方で、「すごいカーブ」は、ぞっとするとか恐ろしいといった感覚を含んだ仕方で、それぞれその投球の素晴らしさを形容していると解釈できるだろう。

つまり、いま現在表立《おもてだ》っている用法のみに目を向けて、それをただ追いかけるのではなく、個々の言葉の意味が具体的にどのように変化してきたのかをたどり、**その移り変わりの全体を見渡《みわた》すことによって、それぞれの言葉の個性を捉えることができる**ということだ。それは言い換《か》えれば、制御《せいぎょ》できない言葉の変化にただ

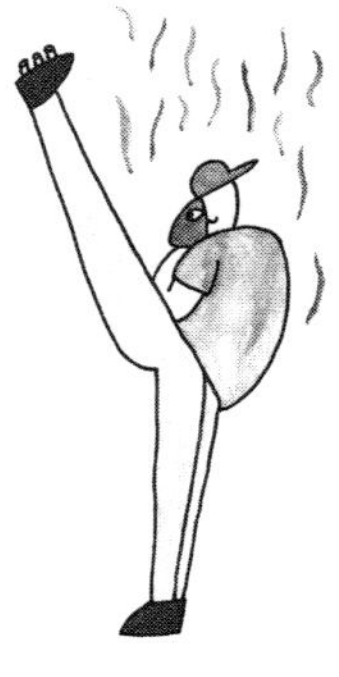

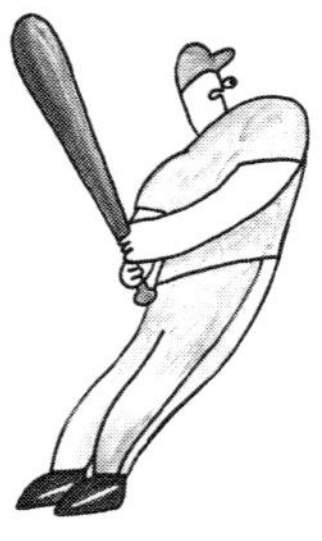

受動的に振《ふ》り回されるのではなく、それぞれの言葉がもつ固有の意味合いを深く捉えて能動的に選び取ることが可能になる、ということでもある。

なんとなく受動的に言語を使うことの弊害《へいがい》

もっとも、先述の通り、「えぐい」も「やばい」も「すごい」も、たんに程度が甚だしいさまだけを表す平板な言葉としてのみ理解することもできるし、現実にしばしば、そのような薄っぺらい常套句として使用されている。別に「すごい」と言っても「やばい」と言っても全然構わなかったが、いま流行《はや》っているからなんとなく「えぐい」を使っただけの話だ、というふうに、これらの言葉が互《たが》いに完全に交換《こうかん》可能な仕方で使用されている場合もある。

しかし、そのような空虚《くうきょ》な仕方でのみ使用されるのであれば、「えぐい」の新鮮味や刺激もやがて薄れ、その今風のポジティブな用法は、それこそ一過性の流行語として早晩廃《すた》れることになるだろう。そして、その後も世間では、よりどぎつい表現を探して、ネガティブな方向で強い意味をもつ言葉のポジティブな方向への転用が繰《く》り返されるだろう。

それから、そうしたなんとなくの受動的な言語使用をおこなうというのは、自分が属する世代やグループに漂《ただよ》う空気に流されて同調するということでもある。それが常に悪いわけではないが、周囲に同調するばかりになってしまえば、「えぐい」などの言葉がもちうる多義的な意味合いへの繊細《せんさい》な感覚が塗《ぬ》りつぶされてしまうだけでなく、別の世代や別のグループとの溝《みぞ》を深くしてしまいかねない。

†意味の自然な移り変わりが、言葉の多面性をかたちづくる

言葉の語源や旧来の意味のみに事柄の本質を見ようとして、その後に意味がどう変化したり拡張したりしていったかを無視する姿勢は間違《まちが》っている。ただ、かといって、いま現在目立っている用法のみを見て、その背景にどのような言葉の歴史があるのかを無視することも、一種の視野狭窄《きょうさく》に陥《おちい》っている。

そして、その視野狭窄は、「えぐい」にせよ、「やばい」等々にせよ、固有の重要な意味をもちうる言葉を薄っぺらい常套句や短命の流行語にしてしまう可能性があるし、周囲への過度の同調と、外部からの断絶とを招きかねない。言葉の歴史をたどり直す作業は、そうした事態を避《さ》けることにつながりうるのだ。

重要なのは、**ある言葉の意味から別の意味が派生し、移り変わっていくことには、自然な流れというものが存在する**ということだ。その時代時代に立ち現れてくる意

味同士にはおのずと深い関連性ないし類似性がある。だからこそ、言葉の歴史をたどることは、いま生きている言葉の多面性を跡《あと》づけ、それを立体的に理解することにもなるのである。

この点をはっきりさせるために、もうひとつだけ例を挙げておこう。「やさしい」が「ひ弱《よわ》」「繊細《せんさい》」「上品」「温厚《おんこう》」「思いやりがある」「親切」といった多様な意味をもちうることは120ページで確かめたばかりだが、なぜ「やさしい」がこのような多義性を有するかも、この言葉の歴史をたどることではっきりと理解できる。

「やさしい（やさし）」は、元々は動詞「痩《や》せる（痩《や》す）」が形容詞化したものであり、人の見る目に対して身も細る思いであるというのが原義だ。ここから、「気恥《きは》ずかしい」とか「肩身《かたみ》が狭《せま》い」といった意味が生じ、さらに、恥ずかしげにしている様子や恥じらう様子が「控《ひか》えめである」「つつましい」「おとなしい」「優美である」「上品である」といったことを意味するようにもなった。さらに、そうやって細《こま》やかに心を配ることから、「思いやりがある」「情け深い」「親切」といった意味も備えるようになった（『日本国語大辞典』第二版など）。

遅くとも万葉集の時代から、千年以上にわたって日本語文化圏《けん》の生活のなかで「やさしい（やさし）」がたどってきたこうした消息に、現代に生きる私たちがどこまでなじんでいるかは定かではない。とはいえ、私たちがふだん「やさしい」という言葉を用いている無数の文脈の源流には古語「やさし」の用法があり、そうした**古来の意味合いと、その自然な変化が、現在の用法にも多かれ少なかれ響いている**ことは確かだろう。だからこそ、「やさしい」という言葉は、「ひ弱」「繊細」「上品」「温厚」「思いやりがある」「親切」といった言葉から成る独特の多面体として成り立っていると言えるし、私たちもこうした言葉のあいだで連想を広げ、多様な意味合いで「やさしい」を日々使用することができるのである。

†「しあわせ」の意味の歴史をたどってみる

いま確認したように、古文や漢文、古語辞典や国語辞典などを繙《ひもと》いて言葉の歴史をたどることは、いま生きている言葉の多面性を跡づけ、それを立体的に理解する

ことにもつながる。そして、それだけではない。いま私たちがふつうに用いている言葉が以前どのように用いられていたのかを知ることは、しばしば新たな発見をもたらしてもくれる。つまり、「**故《ふる》きを温《たず》ねて新しきを知る（温故知新《おんこちしん》）**」ということの恰好《かっこう》の実例になりうるのだ。

たとえば、「しあわせ」という言葉は、現在では多くの場合、不平や不満がなく心が満ち足りている状態を意味している。しかし、この言葉は元々、「する」と「あわす」が結びついた動詞「しあわす（仕合わす、為合わす）」が名詞化してできたものであり、二つの物事がぴったり合うということに焦点《しょうてん》を当てる言葉だったと言える。そして、そのように「合う」ことは自分の力だけでは実現せず、それを超《こ》えた働きに左右されるものだという受けとめ方が、この言葉には込められてきた。それゆえ、かつてこの言葉は「めぐり合わせ」「運」「運命」「なりゆき」「機会」といったものを主に意味し、しかも、良いめぐり合わせにも悪いめぐり合わせにも用いられてきた。つまり、「幸運」以外にも、「不運」「不幸」「人が死ぬこと」「葬式《そうしき》」といった意味すらもっていたのである（『日本国語大辞典』第二版）。

「しあわせ」が「不幸」や「人が死ぬこと」を意味することもあった、というのは現在では想像しがたい。とはいえ、「めぐり合わせ」や「運」や「運命」といった意味がこの言葉の原義であったということを踏《ふ》まえれば、「幸福」だけではなく「不幸」や「死」といった意味にも振《ふ》れうることは不思議ではなくなるだろう。

そして、この発見は、「しあわせ」の現代的な意味の視野の狭《せま》さを私たちに気づかせ、「しあわせ」についての新しい見方へと開いてくれるもの――あるいは、私たちが忘れがちな見方を活性化させてくれるもの――でもある。すなわち、「しあわせ」であるというのは、たんに「心が満ち足りている状態」にある（幸福感を覚えている）という主観的な感覚に尽《つ》きるわけではなく、誰《だれ》かや何かとめぐり合い、自分の意志や努力を超えた働きに触れる機会と深く結びついている、という見方である。

新しいカタカナ語はまず翻訳してみよう

ここまで、ひとつの言葉の意味が移り変わっていく歴史的な流れそれ自体をたどって見渡すことが、その言葉を立体的に理解し、さらに、物事に対する新たな見方を得る機会ともなりうる、という点を確認してきた。

では、まったく新しい言葉が入ってくる場合についてはどう考えればよいのだろうか。ここでは、日々生まれ氾濫《はんらん》するカタカナ語にどう向き合えばよいか、という問題に絞《しぼ》って検討しよう。

「サービス」という言葉を例にとってみよう。これは英語の「service」に由来するカタカナ語であり、文脈に応じて「接待」「応接」「給仕」「奉仕《ほうし》」などに言い換えることができる。肝心《かんじん》なのは、こうした多様な翻訳が可能であることを理解すると同時に、**どの訳語にも完全には置き換えることができない**——つまり、どの訳語も、「サービス」という言葉がもちうる意味の一面しかすくい取れない——ということも理解する、ということだ。

前節では、未知の言葉となじみの言葉とのあいだで翻訳を試みることの重要性を確認した。具体的には、種々の物事について、自分の属する共同体では十分に光を当てられていない新たな相貌《そうぼう》を見出したり、逆に、自分の属する共同体において行き渡《わた》っている見方の特殊《とくしゅ》性や問題に気づいたりしうる、ということである。その意味で、かつて、「接待」にも「応接」にも「給仕」にも「奉仕」にも翻訳し切れない言葉として「サービス」という新しい言葉を発見し、それを日本語に取り入れたことは、**物事に対する新しい注意や関心の向け方を発見する機会になった**と思われる。

しかし、すべてのカタカナ語にそうした重要性があるとは限らない。だから、まずは正確に翻訳しようと試みなければならない。たとえば、「ケア」というカタカナ語はどうだろうか。この言葉を「手当て」「手入れ」「世話」「保護」「気遣《きづか》い」「寄り添《そ》い」「介護《かいご》」「看護」といった言葉のどれかに完全に置き換えることができるだろうか。それとも、できないだろうか。「エンゲージメント」はどうだろうか。「リスペクト」はどうだろうか。「アジェンダ」や「スキーム」、「パーパス」、「インクルージョン」、「ダイバーシティ」、「アドボカシー」等々はどうだろうか。

ひとつひとつのカタカナ語に対してそうした吟味《ぎんみ》をせずに、たんに目新しいからとか、周囲の人々が使っているからといった理由だけで見境《みさかい》なく導入するとすれば、まさに無駄に新たな言葉が増えるだけだし、そのつどの流行語に振《ふ》り回されているのと変わらない。そうではなく、翻訳を具体的に試み、その可能性や難しさを確認すること、そして、**そのカタカナ語が実際に一個の多面体を成すかどうかを確かめる**ことが重要なのである。なぜなら、それを確かめることによってはじめて、そのカタカナ語を自分がなじんでいる言語の言葉に完全に置き換えられるかどうか——カタカナ語のままで使う意義と必要があるかどうか——が分かるからだ。

†既存の言葉への違和《いわ》感は、社会が変わりつつあることのサイン

本章の最後に、ある言葉が以前と比べて使いづらくなったとか、その言葉に対して引っ掛《か》かりを感じるようになった、という変化についても触れておこう。

先に取り上げたのは、「主人」や「旦那」、「家内」、「嫁」といった配偶者の呼び名を用いることに抵抗《ていこう》感を覚える人が次第に増えているということだ。一般に、社会のなかで特定の言葉のネットワークがうまく流通しなくなるときには、社会自体に何か変化が生じているものだ。いまの例で言えば、日本の男性優位の家制度や家父長制的な価値観に対して、多くの人が疑問をもつようになり、性の平等や性別というものに対する社会の認識が変わりつつあるからこそ、「主人」「旦那」「家内」「嫁」などの言葉がときに機能不全を起こし始めているのだと言える。これらの言葉に反映されている物事の見方、物事の相貌が、拒絶《きょぜつ》され始めているのである。

言葉は生き物であり、生ける文化遺産であって、代わりにどのような言葉が使われるようになるのか（あるいは、元の言葉がそのまま使われるのかどうか）は予測しがたい。今後、これまで以上に「夫」「妻」「連れ合い」「相方《あいかた》」などの言葉が多用されるようになるだろうか。あるいはまた、既存の別の言葉が転用されるようになるだろうか。あるいはまた、「パートナー」などのカタカナ語の使用が一般的になるだろうか。それは定かではない。

ただ、いずれにしても確かなのは、**既存の言葉に対して私たちが覚える違和感は、社会のあり方や物事に対する私たちの見方が変わりつつあることを示す重要なサイ**

ンとなりうるということだ。もちろん、なじみの言葉が使いづらくなれば、不自由だと感じる人もいるだろう。「言葉狩《が》りだ」と反発したくなる人もいるだろう。しかし、他方で、その言葉に対して最初から違和感を抱《かか》え続けてきた人や、その言葉の下《もと》でずっと抑圧《よくあつ》されてきた人もいる。うまくかみ合わないなかで、私たちの視線と関心が一致する言葉を求めて吟味と探索《たんさく》をおこなうことは、それ自体が、いまよりもましな社会をつくることの一部なのである。

まとめ

◉**言語は時代と共に移り変わる**　★「自然言語は生ける文化遺産」
・「すごい」「やばい」「えぐい」なども、意味の移り変わりをたどるとその奥行きや個性が見えてくる
◉**なんとなく受動的に言葉を使うことの弊害**
・言葉を薄っぺらく短命にする　・周囲への過度の同調につながる

◉**言葉の意味の移り変わりには自然な流れがある**
・それをたどることは、言葉の立体的な理解や新たな発見につながる
・新しいカタカナ語は、まず翻訳してみて吟味することが重要
・既存の言葉への違和感は、社会の変化を示す重要なサイン

終章

言葉とは何であり、どこにあるのか

ウイスキーやケーキは、
私とあなたのあいだにあって両者をつなぐ媒介物《メディア》となりうるが、
私と世界のあいだにあるわけではなく、
それらは世界の一部にほかならない。
そして、それは言葉もまったく同じである。

1 この本でたどってきた道筋

†言葉とは何か、発話とは何か

媒介物《メディア》か、障壁《バリア》か。――本書はここまで、言葉の粗雑さ、つまり解像度の低さや不正確さと、言葉の制御できなさとをどう捉《とら》え、それにどう向き合うべきかについて考えてきた。

その過程でまず確認《かくにん》したのは、言葉は本物の不正確な影《かげ》ないしは模造《もぞう》品のようなものではない、ということだ。そもそも、言葉を発するという行為《こうい》には、物事を言い表すこと（＝記述、描写《びょうしゃ》、等々）以外にも無数の機能が存在する。たとえば、「おはよう」と言って挨拶《あいさつ》する、「結婚《けっこん》しよう」と言ってプロポーズする、「すみません」と言って謝《あやま》る、等々である。これらの言葉のどれも、何らかの対象を言い表すものではない。

むしろ本書では、発話というものを、物事の特定の相貌《そうぼう》（＝特徴《とくちょう》、側面、表情）に注意や関心を向ける行為――また、そうした注意や関心を他者と共有しようとする行為——として特徴《とくちょう》づけ、そして、言葉というものを、その行為のための資源として位置づけた。たとえば、誰《だれ》かに「すみません」と言うことは、自分が相手にしたことについて、償《つぐな》いをすべき過《あやま》ちといった観点から照らし出し、その関心を相手と共有しようとする行為として捉えうる。また、眼前に広がる夕焼けについて「せつないね」と誰かに言うことは、その夕焼けをせつない風景という相貌の下《もと》に捉え、相手にもその相貌に関心を向けるよう促《うなが》す行為だと言える。

そして、本書で同時に確認したのは、いまの「せつない風景」もそうであるように、言葉なしには立ち現れない物事の相貌が存在するということだ。その意味でも言葉は、現実を粗雑《そざつ》なかたちでしか言い表せない模造品などではないのである。

† 「完全なコミュニケーション」という幻想《げんそう》から離《はな》れる必要性

以上の点を踏《ふ》まえつつ、次《つ》いで本書で強調したのは、〈言葉を介《かい》さない表現やコミュニケーションこそが直接的で、正確で、親密である〉という理想と手を切ることの重要性である。言葉以外の媒介物《メディア》に頼《たよ》れば完璧《かんぺき》な表現やコミュニケーションが実現するわけではない。言い換《か》えれば、**言葉が障壁《バリア》をつくっているのではない。私たちのあいだに現に存在する障壁が言葉に反映されているに過ぎない**のだ。

私たちはまれに、言葉を介さず、たとえばウイスキーやケーキそのものを介して、他者と百パーセント分かり合える瞬間を経験するときがある。しかし、それはまさに束《つか》の間《ま》の幸運に過ぎない。そのような例外的な瞬間《しゅんかん》を「あるべき理想」として追えば追うほど、現実のコミュニケーションがどこまでも不完全であることに幻滅《げんめつ》してしまうことになる。

また、その「束の間の幸運」自体がたんなる幻想《げんそう》の産物だったという場合も多い。つまり、実際には相手が忖度《そんたく》や我慢《がまん》をしてくれているだけなのに、完全に正確で親密なコミュニケーションが成り立っていると勘違《かんちが》いしていることもあれば、逆に、自分のほうが相手に忖度して相手に合わせることによって親密さが維持《いじ》されている、ということもある。

それから、そのように特定の相手と極端《きょくたん》に親密なコミュニケーションを営んでいるときには、それ以外の人々とのあいだに高い障壁ができている、ということにも注意する必要がある。それはなにも、分かち合えるウイスキーやケーキの数量には限度がある、というだけの話ではない。深く繊細《せんさい》な事柄《ことがら》について高いレベルで分かり合うハイコンテクストなコミュニケーションは、そのコンテクスト（＝文脈）を共有できない人々をおのずと排除《はいじょ》するものとなる。自分に近い限られた人々との親密なコミュニケーションと、自分から遠い多様な人々との開かれたコミュニケーションは、どうしてもトレードオフの関係(=両立できない関係)にあるのだ。その意味でも、他者との障壁がまったく存在しない完全なコミュニケーションという幻想からは離《はな》れるべきだ。

†コミュニケーションの見えざる障壁に気づくために

だとすれば、むしろ必要なのは、そのつどのコミュニケーションにどのような障壁が存在するのかに注意を向けることだ。特に、気づかないうちに誰がどのようなコミュニケーションから排除されているかについて自覚的になることが重要だろう。また、一見して親密なコミュニケーションが実現しているようでも、誰かの忖度や従属によって成り立っている可能性があるということにも注意する必要がある。

しかし、そのような排除や権力勾配《こうばい》は、自分自身が排除されたり従わされたりする側でなければ、なかなか気づきにくい。現実の他者の生活や社会のあり方をよく見ようとしても、そもそも目に入ってこないのだ。それはちょうど、右利《みぎき》きの人が、

ふだんの生活において左利きの人がどんな不便を被《こうむ》っているかを想像することが難しいのと同様だ。実際には社会のさまざまな制度や道具など（書き順、配膳《はいぜん》の仕方、楽器やハサミなどの構造、等々）が、多数派である右利きの人向けにつくられているのだが、その恩恵《おんけい》を自然と受けている右利きの人々自身には、そうした違いが見えづらいのである。

だからこそ、いつも同じ面子《メンツ》で固まって同じところで同じように語り、同じように物事を見るのではなく、そのエコーチェンバーやフィルターバブル（74〜76ページ参照）から抜《ぬ》け出すことが必要になる。**外部の多様な人々とかかわり合い、コミュニケーションを試みることによってはじめて、障壁が障壁として見えてくる**のだ。

たとえば、女性の配偶者《はいぐう》を「嫁《よめ》」と呼ぶのが常識であるような集団のなかでずっと暮らしてきた男性がいたとしよう。その男性も何の疑いもなく自分の配偶者を「嫁」と自然に呼んできたのだが、あるとき、その集団以外の人々が集まる場で同じように「自分の嫁が」とか「嫁にこう言われて」などと発話したところ、微妙《びみょう》な空気が生じて、コミュニケーションが停滞《ていたい》してしまう。「嫁」という言葉が浮《う》いてしまい、ぎこちないかたちでしか機能しないのだ。というのも、その場では男性優位の家父長制的な制度や価値観に疑問をもっている人が多く、「嫁」や「家内」といった言葉を避《さ》ける傾向があったからだ。

このケースにおいて、言葉の引っ掛《か》かりや滞《とどこお》りは、コミュニケーションにとっての障壁というよりも、現状のコミュニケーションに潜《ひそ》む問題を炙《あぶ》り出し、これからのコミュニケーションをより良いものとするひとつのきっかけとなりうるものだ。つまり、自分がこれまでどのような物事の見方や価値観に縛《しば》られてきたかを顧《かえり》みて、それ以外にどのような物事の見方や価値観がありうるかを知るためのヒントになりうるのである。

†「考える」とはどういうことか

仲間内では引っ掛からず自然に使えている言葉が、その外部とのコミュニケーションにおいては滑《なめ》らかに流通しない。その状況は一見するとめんどくさいとか窮屈であるとか不自由であるというふうに思えるかもしれない。しかし、135ページで強調した通り、限られた平板《へいばん》な言葉でしか世界を捉えることができないということこそ、言葉への囚《とら》われ、言葉による不自由と呼ぶにふさわしい。

さらに、その前の4章2節で確認したのは、物事には言葉なしには照らし出されない相貌もあるということだ。したがって、言葉を知らなければ得られない着眼点《ちゃくがんてん》や発想というものが存在するし、また、言葉を――しかも、できれば複数の言語の言葉を――十分に知らなければ、物事に対する見方はどうしても単純になり、硬直し、貧しいものとなる。ひとつの物事を多様な角度から表現するということができなければ、その物事の豊かな奥行《おくゆ》きを把握《はあく》することはできないし、その多彩《たさい》な側面のうちのひとつひとつに対して意識的に注意を向けることもできない。そして、そのように多角的に考えるためには、物事をどう表現するかを自分で吟味《ぎんみ》し、選び取る、という過程それ自体が要《かなめ》になる。この過程を他者や生成ＡＩなどに完全に任せてしまえば、自分自身で物事の諸側面を吟味していることにはならないのだ。

私たちはたいていの場合、言葉という資源を用いて表現を模索《もさく》する。すなわち、**しっくりくる言葉を探索《たんさく》する。それが、「考える」という営みの多くの部分を占《し》めている。**そうやって言葉がかたちを成すとき、思考も、他者に伝達可能な一定の内容をもつことになる。言葉の豊かさと思考の豊かさは、しばしば切っても切れない関係にあるということだ。

そして、そのような表現の模索は、必ずしも自分ひとりだけでするものではなく、むしろ多くの場合、**他者に向けておこなうものであり、他者と一緒《いっしょ》にするもの**である。たとえば、見終わって思わず「すごかった！」という言葉が口をついて出てきた映画について、一緒に観《み》に行った友人と感想をいろいろと言い合うことも、紛《まぎ》れもなく思考の一種にほかならない。その映画の「すごさ」の具体的な中身にもっと分け入って、「映像が息を呑《の》むほど美しかった」、「脚本《きゃくほん》も本当によく練られていたと思うよ」、「あと、俳優の演技にも引き込《こ》まれた」等々、「すごかった」という言葉をお互《たが》いに別の言葉に言い換えようと試みるなかで、その映画のことをもっと深く理解できるようになるだろう。

同様に、自分が口にした言葉や書き綴《つづ》った言葉の意味を相手に訊《き》かれて答えるとか、あるいは逆に、相手の発話の意味を訊いて答えてもらうといったやりとりも、ものを考えるということの典型的な例だと言える。たとえば、「山田さんはやさしい人だ」と口にすると、それを聞いた相手から、「いまの「やさしい」ってどういう意味?」と問われるかもしれない。その質問に応じようと、「繊細《せんさい》」とか「温厚《おんこう》」とか「親切」といった答えを吟味するとき、その一連の過程は、「やさしい」という多義語の立体的（多面体的）な意味合いをあらためてたどり直しながら、山田さんの「やさしさ」の内実についてより深く考える過程になっているのである。

2 そこにある言葉を楽しむために

†相手の言葉を待ち、自分の言葉を待ってもらうこと

以上、論点を多少補いつつ、本書の内容の骨格を成す部分を振《ふ》り返ってきた。本書を閉じるにあたって、いくつか重要な論点を付け足しておきたい。

しっくりくる言葉の探索は多くの場合、他者に向けておこなうものであり、他者と一緒《いっしょ》にするものだ、という点をいま確認《かくにん》した。この点から導けるのは、言葉を発しようとしている相手の言葉を待つことの重要性である。

相手が言葉を探している途中《とちゅう》で遮《さえぎ》ったり、早く応答するようにプレッシャーをかけたりすれば、その分だけ、相手から思考の芽を摘《つ》むことになる。相手が物事をよく見て、表現を紡《つむ》ぎ出そうとする機会を奪《うば》うことになる。それゆえ、**相手の発話を待つこと**、また、**自分の発話を相手に待ってもらうこと**が重要なのである。

しかし、いまの社会では得てして、発話の当意即妙《とういそくみょう》さや滑《なめ》らかさ、流暢《りゅうちょう》さといったものがもてはやされがちだ。そのほうが「地頭《じあたま》が良い」だとか「仕事ができる」

だとか「スマート」だとか見なされやすい。逆に、慎重《しんちょう》に言葉を選んでゆっくり話すことは、愚鈍《ぐどん》だとか空気が読めないなどと思われやすい。

だが、そのような評価は本当に正しいのだろうか。滑らかに進行する言葉のやりとりは、多くの場合、あたかも定石《じょうせき》に沿って囲碁《いご》を打つように、ひとつの共同体の内部ですでに繰《く》り返し踏《ふ》み均《なら》された会話の道筋をなぞっているだけだ。そして、そのよく整備された道筋は、共同体のなかで長く蓄積《ちくせき》された固定観念や偏見《へんけん》の温床《おんしょう》でもある。たとえば、「京都人って〇〇なところがある」とか、「九州男児ってほんと〇〇だ」といった具合である。そのようにステレオタイプ（＝紋切《もんき》り型）で会話するのは楽しい。楽しいが、それはたんにタイミングよく手持ちの言葉のストックを吐《は》き出している──言うなれば「コピペ」的な言葉をお決まりの場所に貼《は》り付けている──に過ぎない。そこには、物事の見え方の解像度をいまより高めるとか、いまとは別の見方を探《さぐ》るといった要素は見当たらないのである。

†対話は滑らかでなくていい

仲間内で滑らかな会話を交わすことは無駄《むだ》な営みだ、と言いたいわけではまったくない。仲間内でハイコンテクストな言葉を多用したおしゃべりに興じたり、お約束の言葉の応酬《おうしゅう》で笑い合ったりすることは、私たちの日常生活に欠かせない大切な要素だ。私たちには、そうやって育《はぐく》まれる仲間との結びつきや、会話自体を楽しむ時間などが必要である。しかし、それだけではいけないということだ。

ぺらぺらと流暢に会話すること自体が目的になっているような場でなければ、**発話の途中で噛《か》んだり、どもったり、口ごもったりすることなど、本来なら別に問題ではない**はずだ。肝心《かんじん》なのは、言葉を探して選び取る試みの末に、具体的にどのような言葉の連なりが発せられるか、ということである。その発話を聞いた相手は、それに触発《しょくはつ》されて、質問や意見など、自分も何らかの言葉を返そうとするだろう。

そうした種類の対話、すなわち、〈慣れ親しんだ会話の道筋をなぞり、タイミングよくお決まりの言葉を吐き出し合う〉というものとは異なる生きた対話のなかで、当初はすれ違《ちが》っていた互《たが》いの注意や関心が一致《いっち》することがある。そしてそれは、互いのあいだに潜在《せんざい》していたコミュニケーション上の障壁《バリア》がひとつ消え去ったことを意味する。必ずしも、そこで意見まで一致する必要はない。144ページで述べたように、同じ物事についてともに話し、ともに考えることに成功したなら、そのこと自体が大きな達成なのである。

それから、私たちが互いの発話を途中で遮らずに待つこと、また、そうやって形成された言葉をめぐって、その意味をより明確にしようと対話を継続《けいぞく》することは、言葉の制御できなさという、本書でたびたび話題にしてきた問題に対処するための重要な構えともなりうる。

含意《がんい》が伝わらない、意図が誤解される、SNS上などで発した言葉が一人歩きして想定外の反響《はんきょう》を受ける、発した言葉の意味を相手にねじ曲げられる、自分が慣れ親しんでいたはずの言葉の意味が時とともに変化する、等々、言葉はさまざまなかたちで私たちの制御《せいぎょ》を超《こ》える。だからこそ、ときに問いや意見を交わしつつ、相手のさらなる言葉を辛抱《しんぼう》強く待つ構えを保つことが大事になる。そうすることで、互いの言葉の意味をより明確に理解したり、互いの注意や関心をさらに別のところへ向けたりすることも可能になるのである。

図書館に行こう

最後にもう一点、大事なポイントに触《ふ》れておきたい。本書はその道行き全体を通じて、多種多様な言葉を立体的に学ぶこと、また、(広い意味で)複数の言語のあいだを行き来することを説いてきた。では、そのためには具体的にどうすればよいのだろうか。

端的《たんてき》に言ってしまえば、学校の授業やイベントや本や映像などを通じて、さまざまな分野や地域の言葉に多く触れること、また、職業や国籍《こくせき》や人種などさまざまに属性の異なる人々と交流する機会を多くもつことが必要だ。とはいっても、経済状《じょう》況《きょう》や居住環境《かんきょう》などによっては、そのような機会を得ることが難しい人も少なくない。

多くの人にとってすぐに実行可能な方法がひとつある。それは、**図書館(図書室)を使う**ということだ。県や市などの公立の図書館や、学校の図書室などだ。ちゃんと整備され、運営されている図書館(図書室)は、言葉の一人歩きという現象の良い面が反映されている場所だと言えるだろう。古今東西の多種多様な言葉が収められた本が、よく整理された仕方で集積しており、しかも、そのすべてを無料で借りることができる。そして、本を返却《へんきゃく》した後も、自分で読んだ言葉は少なからず自分の頭のなかに残り、所有し続けることができる。

図書館には小規模なものも大規模なものもあるが、いずれにしても、ひとりですべて読むことができないほどの量は揃《そろ》っている。また、小規模な所は本の数や種類という点では大規模な所に劣《おと》るが、「どこから手をつけたらよいか分からない」というふうに圧倒《あっとう》されることなく、手頃《てごろ》なコレクションの全体を見渡《みわた》しながら本棚《ほんだな》を探検できるというメリットがある。

本書でこれまで取り上げた本や、国語辞典、古語辞典、さらに、この後巻末で紹《しょう》介《かい》する本の多くも、図書館で探したり、あるいはインターネット上の蔵書検索《けんさく》システムから取り寄せたりすれば読むことができる。そうした目当てをつけずに、ただふらっと立ち寄って、本棚を見て回るのでもよい。だが、気になるタイトルや表紙の本を見つけたら、気軽に手に取って読んでみよう。絵本が気になったら、絵本を読めばいい。文鳥の生態や飼い方を解説した本もあれば、なぞなぞを集めた本もある。誰《だれ》の目も気にする必要はない。好きな本を好きなように読めばいい。なんであれ、偶《ぐう》然《ぜん》の出会いは、思わぬ新しい発見をもたらしてくれるはずだ。

†たくさんの文章に触れよう

言葉は本来、単語集に線を引きながら覚えるものではない。小説、詩集、歌集、エッセイ、評論、実用書などなど、言葉は多種多様な文章のなかに——そして、その文章が反映している多種多様な生活のなかに——息づいている。鋸《のこぎり》や鑿《のみ》をただじっと眺《なが》め続けてもその使い方は分からないが、それと同様に、言葉も、ただそれだけ眺め続けても意味は分からない。いろいろな文章のなかに具体的にどう現れ、どう使われるのかを実際に経験しなければならない。

意識して言葉を覚えようと思わなくても、人はたくさんの文章を読むうちに、個々の言葉を自然に吸収しているものだ。そして、多種多様な文章に親しむことは、言葉同士のつなげ方や言葉同士の関連性に親しむことでもある。さらに、145〜149ページでも触れた通り、日本語なら日本語の言葉に多く深く親しむことは、別の言語を学ぶときにも大きな力になる。

それから、本を読むこと、特に、いろいろな著者の本をそれぞれ最後まで読むことは、エコーチェンバーやフィルターバブルに引き籠《こ》もることを避《さ》ける有力な方法にもなりうる。一定のまとまった分量のある本のなかには、インターネットでSNSや検索エンジンを利用している場合とは異なり、自分が見たいこと、自分好みのこと、自分がうなずきたいことからはみ出る内容が、どこかに必ず存在するからだ。その本が、本棚を見て回って偶然出会った本であればなおさらだ。

現実の生きた人間、特に、日々の生活を共にしない「よそ」の人間と、コミュニケーションをとるのは簡単なことではない。それぞれの生活があり、都合があり、ときに言語の壁《かべ》などもあるからだ。しかし、本は違う。好きなときに開いて閉じることができる。それは本当の双方向的《そうほうこう》なコミュニケーションとまでは言えないが、それでも、新しい言葉とともに、新しい物事の見方を十分に教えてくれるのである。

†言葉はその辺にあり、ときに主題となり、楽しむことができる

図書館に日々集まり続ける言葉たちが象徴《しょうちょう》的に表しているように、言葉とは、多種多様な文化の遺産であり、しかも、生ける文化遺産である。さらに言えばそれは、使い方を学ぶことさえできれば、使用料や入場料なしに皆《みな》が使えて、どこにでも自由に持ち運べる、無尽蔵《むじんぞう》の資源だ。

言葉はウイスキーやケーキの模造品《もぞう》ではない。言い換《か》えるなら、言葉はウイスキーやケーキの代わりにあるのではない。言葉は、世界に存在するものの影《かげ》――したがって、世界には存在しない奇妙《きみょう》な何か――などではなく、ウイスキーやケーキと同じように、いわばそれらの横に存在する。**言葉は、世界の一部として、そこにあるもの、その辺にあるもの**なのだ。たとえば、図書館や本屋や部屋の本棚に。あるいは、ロッカーのファイルのなかに。あるいは、インターネット空間に。あるいはまた、人々が会って語り合う空間に。

ウイスキーやケーキは、私とあなたのあいだにあって両者をつなぐ媒介物《メディア》となりうるが、私と世界のあいだにあるわけではなく、それらは世界の一部にほかならない。そして、それは言葉もまったく同じである。

さらに、私たちはときにウイスキーやケーキに注意や関心を向け、それらをめぐっ

て語り合うときがあるが、同様に、**言葉もときに主題となる**。つまり、私たちはときに言葉それ自体に注目したり、言葉それ自体をめぐって語り合ったりすることがある。たとえば、詩の一節に胸打たれるとき、相手の発した言葉に引っ掛《か》かるとき、一緒《いっしょ》に言葉を探すとき、相手の口や手から言葉が生み出されるのを待つとき、冗談《じょうだん》に笑うとき、等々。——私たちは、ウイスキーやケーキを楽しむように、言葉それ自体を楽しむこともできるのである。

ウイスキーやケーキが嫌《きら》いであれば、そんなものはいらないというふうに遠ざけることができる。しかし、私たちの生活はその大半が言葉とともにあって、そもそも縁《えん》を切ることなど不可能だ。そうであるなら、言葉を楽しみ、言葉によって物事の新しい見方が開かれる可能性を探《さぐ》るほうが、言葉を忌《い》み嫌《きら》うよりもはるかにましだろう。

言葉の楽しみは、言葉を学び、相手の言葉を待ち、自分の言葉を待ってもらい、異なる言語のあいだを行き来する、その延長線上にある。どれも、誰もが始められることばかりだ。この本を閉じた後、いますぐにでも。

GUIDE

私と世界のあいだをもっと考えるための作品案内

本文で引用・紹介《しょうかい》した作品や、それに関連した作品の情報です。

＊書店で見つからない本や、絶版になっている本は、図書館や古本屋で探してみてください。

●序章〜3章

もし僕《ぼく》らのことばがウィスキーであったなら　村上春樹《はるき》［著］（新潮文庫、2002年）

鏡の国のアリス　ルイス・キャロル［著］、脇《わき》明子［訳］（岩波少年文庫、2000年）＊原著は1871年。

ルイス・キャロルは高名な数学者・論理学者でもあり、この本や『不思議の国のアリス』をはじめとする彼《かれ》の作品には、論理的なパラドックスやパズル、言語表現のナンセンスさや矛盾《むじゅん》といったものに対する鋭《するど》い感覚が反映されている。また、彼自身が考案したユニークな言葉遊びもふんだんに盛り込《こ》まれている。

言語と行為《こうい》——いかにして言葉でものごとを行うか　J・L・オースティン［著］、飯野勝己《いいのかつみ》［訳］（講談社学術文庫、2019年）＊原著は1962年。

1章1節で輪郭《りんかく》づけた「発話」という行為の諸側面は、哲《てつ》学《がく》者のJ・L・オースティンによる「発話（発語）行為」の卓抜《たくばつ》な分析《ぶんせき》、とりわけ、「発話行為」「発話内行為」「発話媒介《ばいかい》行為」の三分類と深く関連している。ただ、ぴったり重なり合うわけではない。現代の言語哲学の古典とも言うべきオースティン自身の議論については、この『言語と行為』の特に第Ⅷ講以下を参照してほしい。

ふだん使いの言語学——「ことばの基礎《きそ》力」を鍛《きた》えるヒント　川添愛《かわぞえあい》［著］（新潮選書、2021年）

世にもあいまいなことばの秘密　川添愛［著］（ちくまプリマー新書、2023年）

1章2節では文法的に曖昧《あいまい》さのある表現についても触《ふ》れたが、これに関しては、川添氏によるこの二冊の本がとても参考になる。日本語の曖昧さについて、その原因や構造を解きほぐしながら、（曖昧さを否定するというのではなく）注意すべき点や表現の面白《おもしろ》さを分かりやすく解説してくれている。

パイドロス　プラトン［著］、藤沢令夫《ふじさわのりお》［訳］（岩波文庫、1967年）＊原著は紀元前5〜4世紀頃《ごろ》（推定）。

知の教科書　プラトン　ミヒャエル・エルラー［著］、三嶋輝《みしまてる》夫《お》・田中伸司《たなかしんじ》・高橋雅人《たかはしまさひと》・茶谷直人《ちゃたになおと》［訳］（講談社選書メチエ、2015年）

2章で扱《あつか》った『パイドロス』以外にも、プラトンはその生《しょう》涯《がい》を通じて数多くの重要な作品を書き残している。この本は、彼の人物像などを紹介するとともに、個々の作品を時系列に沿ってそれぞれ詳《くわ》しく解説しており、『クラテュロス』など、言語や言葉をめぐる彼の別の思索《しさく》にも触れることができる。

ラスト・ライティングス　ルートウィヒ・ウィトゲンシュタイン［著］、古田徹也《てつや》［訳］（講談社、2016年）＊執筆《しっぴつ》は1948～1951年、原著の刊行は1982、1992年。

はじめてのウィトゲンシュタイン　古田徹也［著］（NHKブックス、2020年）

3章1節で取り上げたウィトゲンシュタインは、言葉というものをめぐって数々の重要な洞察《どうさつ》を示し、後世に大きな影響《えいきょう》を与《あた》えた哲学者だ。しかし、その議論はかなり取っつきが悪い。そのため、まずは入門書『**はじめてのウィトゲンシュタイン**』が助けになるだろう。

言葉はいかに人を欺《あざむ》くか――嘘《うそ》、ミスリード、犬笛を読み解く　ジェニファー・M・ソール［著］、小野純一［訳］（慶《けい》應義塾《おうぎじゅく》大学出版会、2021年）

3章2節で取り上げた「犬笛を吹《ふ》く」という行為をめぐっては、この本の附録《ふろく》において、言語哲学の観点から詳《しょう》細《さい》な分析がなされている。

言葉の展望台　三木那由他《みきなゆた》［著］（講談社、2022年）

〈公正（フェアネス）〉を乗りこなす――正義の反対は別の正義か　朱喜哲《ちゅひちょる》［著］（太郎次郎社《たろうじろう》エディタス、2023年）

3章2節では、個々の言葉が何を意味するかについて、コミュニケーションのなかで特定の人々が主導権を握《にぎ》ったり独占《どくせん》したりすること、さらに、他の人々が言葉を発する機会を奪《うば》ったり、言葉自体を奪ったりすることについて扱った。三木氏の『**言葉の展望台**』では特にプロローグにおいて、また、朱氏の『**〈公正（フェアネス）〉を乗りこなす**』では特に第12章において、これらの論点が主題的に議論されている。

●4章〜終章

言語が違《ちが》えば、世界も違って見えるわけ　ガイ・ドイッチャー［著］、椋田《むくだ》直子［訳］（ハヤカワ・ノンフィクション文庫、２０２２年）

物事に対する人の見方や考え方自体が言語によって大きく左右されるという主張には、言語が人間の物事の見方や思考を全面的に決定づける（あるいは、人間の知覚や思考自体をかたちづくる）という強いバージョンと、言語は人間の物事の見方や思考に一定の影響を与えるという弱いバージョンがある。このドイッチャーの本は、後者の弱いバージョンを多角的に検討した概説《がいせつ》書である。

フンボルトの言語思想　ユルゲン・トラバント［著］、村井則《のり》夫《お》［訳］（平凡《へいぼん》社、２００１年）

人文主義の言語思想——フンボルトの伝統　ユルゲン・トラバント［著］、村井則夫・齋藤元紀《さいとうもとき》・伊藤敦広《いとうあつひろ》［監訳《かんやく》］（岩波書店、２０２０年）

言葉の魂《たましい》の哲学　古田徹也［著］（講談社選書メチエ、２０１８年）

4章で紹介したカール・クラウスの言語思想については、この本の第3章においてより詳しく紹介されている。

翻訳《ほんやく》できない世界のことば　E・F・サンダース［著］、前田まゆみ［訳］（創元社、２０１６年）

本書では、「せつない」「esprit」「saudade」など、他言語への翻訳が困難な言葉をいくつか取り上げたが、この本は、そういった奥行《おくゆ》きのある言葉を世界中の言語から集め、分かりやすく魅力《みりょく》的に紹介している。

言語の力——「思考・価値観・感情」なぜ新しい言語を持つと世界が変わるのか？　ビオリカ・マリアン［著］、今井むつみ［監訳］、桜田直美［訳］（ＫＡＤＯＫＡＷＡ、２０２４年）

外国語を学び、複数の言語のあいだを行き来することの意義が、言語学、心理学、認知科学などの多岐《たき》にわたる実証的な研究を参照しながら明らかにされている。

推《お》しの素晴《すば》らしさを語りたいのに「やばい！」しかでてこない——自分の言葉でつくるオタク文章術　三宅香帆《みやけかほ》［著］（ディスカヴァー・トゥエンティワン、２０２３年）

いわゆる「推し」について語ろうとするときに、「やばい」「尊い」「最高」といった汎用《はんよう》性の高い言葉で片づけずに表現するためにはどうすればよいかを、「細分化」をキーワードにまとめた実践《じっせん》的な一書。

言《こと》の葉《は》連想辞典　あわい［絵］、遊泳舎［編］（遊泳舎、２０１９年）

エモい古語辞典　堀越英美《ほりこしひでみ》［著］、海島千本《うみしませんぼん》［イラスト］（朝日出版社、２０２２年）

オトナ語の謎《なぞ》。 糸井重里《しげさと》［監修］、ほぼ日刊イトイ新聞［編］（新潮文庫、2005年）

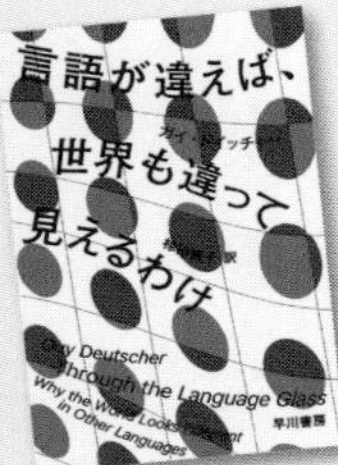

『言の葉連想辞典』は、類語辞典とは異なり、ひとつの言葉から連想される言葉たちが引かれていく小辞典だ。たとえば「夏」の項目《こうもく》には、「打ち水」「空蟬《うつせみ》」「草いきれ」「片陰《かたかげ》」といった言葉が並べられている。見開きページの半分に描《えが》かれたイラストにも想像を喚起《かんき》されながら、言葉の広がりや言葉同士のネットワークを気軽にたどることができる。

また、**『エモい古語辞典』**は、読んで字のごとく、エモい（≒もののあわれを感じるような）感情や物事などを表す古語を収集した小辞典だ。心震《ふる》えたものや胸打たれたことなどをいつも「やばい」や「えぐい」などと言って済ませないための、たくさんのヒントに満ちている。

最後の**『オトナ語の謎。』**は、もう二十年ほど前の本になるが、「なるはや」や「アグリーする」、「そもそも論」といった独特な言葉、「なるほどですね」といった奇妙《きみょう》な言葉遣《づか》い、企業《きぎょう》や官庁などの世界でいまもよく使われているビジネス用語などが、数多く収録されている。それぞれの言葉に対する分析を追いながら、「オトナ」の言葉に潜《ひそ》む機微《きび》を楽しく探《さぐ》ることができる。

いつもの言葉を哲学する 古田徹也［著］（朝日新書、2021年）

本書で扱ったトピック、また、それに関連するトピックについて、ときに本書よりも詳しく、踏《ふ》み込んだかたちで論じている。（逆に言えば本書は、この『いつもの言葉を哲学する』においては個別のトピックとしてばらばらに扱っていたものを、一本の筋道をつけて提示し直すものだと言える。）

したがって、本書の各トピックをもっと掘《ほ》り下げて深く考えたいという場合は、まずはこの本に進んでほしい。また、前ページで紹介した**『言葉の魂の哲学』**も、〈しっくりくる言葉を選び取る〉とはどういうことか、とか、〈形成するものとしての言葉の働き〉とはどういうものか、というトピックについて、より綿密なかたちで論じているので、こちらも次の一冊として薦《すす》めたい。

著者＝古田徹也（ふるた・てつや）

1979年熊本県生まれ。東京大学大学院人文社会系研究科准教授。主に西洋近現代の哲学《てつがく》・倫理学《りんり》を研究。著書に『謝罪論』（柏書房《かしわしょぼう》）、『このゲームにはゴールがない』（筑摩書房《ちくま》）、『いつもの言葉を哲学する』（朝日新書）、『はじめてのウィトゲンシュタイン』（NHKブックス）、『不道徳的倫理学講義』（ちくま新書）ほか。『言葉の魂《たましい》の哲学』（講談社選書メチエ）で第41回サントリー学芸賞受賞。

装画・本文イラスト＝土屋萌児（つちや・ほうじ）

1984年東京都生まれ。アニメーション作家。貼《は》り絵、切り絵、立体造形などを駆《く》使《し》してアニメーション映像を制作。主な作品に中山うり「青春おじいさん」などのMV、ポカリスウェットのウェブムービー「スカフィンのうた」、Eテレ「シャキーン！」の「終《おわ》る瞬間《しゅんかん》」「惑星《わくせい》兄弟」「ハッタケさん」シリーズなど。独自プロジェクトとして耳なし芳一《ほういち》をモチーフにしたアニメ「Hoichi」を制作中。

言葉と向き合うとき、ときどきうまく言えないこと、言葉が出ないこと、とまどうことがあります。でも同時に、言葉と一緒《いっしょ》に、知らない遠いところまで行くこともできる。この本を追体験するような気持ちで描《か》きました。

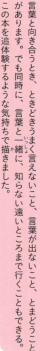

シリーズ　「あいだで考《かんが》える」

言葉《ことば》なんていらない？

私《わたし》と世界《せかい》のあいだ

2024年10月30日　第1版第1刷発行
2025年 1 月30日　第1版第2刷発行

著者　古田徹也《ふるたてつや》

発行者　矢部敬一
発行所　株式会社 創元社
本社 ――――
〒541-0047 大阪市中央区淡路町4-3-6
電話（06）6231-9010（代）
東京支店 ――――
〒101-0051 東京都千代田区神田神保町1-2 田辺ビル
電話（03）6811-0662（代）
ホームページ　https://www.sogensha.co.jp/

編集　藤本なほ子
装丁・レイアウト　矢萩多聞
装画・本文イラスト　土屋萌児
印刷　株式会社太洋社

　ISBN978-4-422-13012-5 C0310

シリーズ「あいだで考える」

創刊のことば

私たちは、本を読むことで、他者の経験を体験できます。

本の中でなら、現実世界で交わることのない人々の考えや気持ちを知ることができます。自分と正反対の価値観に出会い、想像力を働かせ、共感することができます。

本を読むことは、自分と世界との「あいだに立って」考えてみることなのではないでしょうか。

さまざまな局面で分断が見られる今日、多様な他者とともに自分らしい生き方を模索《もさく》し、皆《みな》が生きやすい社会をつくっていくためには、白でもなく黒でもないグラデーションを認めること、葛藤《かっとう》を抱《かか》えながら「あいだで考える」ことが、ますます重要になっていくのではないでしょうか。

シリーズ「あいだで考える」は、10代以上すべての人のための人文書のシリーズです。

書き手たちは皆、物事の「あいだ」に身を置いて考えることの実践者《じっせん》。その生きた言葉は、「あいだ」を考えるための多様な視点を伝えます。

それを読むことは、自ら考える力、他者と対話する力、遠い世界を想像する力を育むことを助け、正解のない問いを考えてゆくためのねばり強い知の力となってゆくはずです。

先の見えない現代、10代の若者たちもオトナと呼ばれる世代も、不安やよりどころのなさを感じ、どのように生きてゆけばよいのか迷うことも多いはず。

本シリーズの一冊一冊が「あいだ」の豊かさを発見し、しなやかに、優《やさ》しく、共に生きてゆくための案内人となりますように。

そして、読書が生きる力につながる実感を持ち、知の喜びに出会っていただけますようにと願っています。